[Wissen für die Praxis]

Weiterführend empfehlen wir:

Arbeitsrecht
ISBN 978-3-8029-4205-1

Urlaubsrecht
ISBN 978-3-8029-4214-3

Der Freie-Mitarbeiter-Vertrag
ISBN 978-3-8029-4213-6

Mehr Geld für Mütter und Väter
ISBN 978-3-8029-4064-4

Wir freuen uns über Ihr Interesse an diesem Buch. Gerne stellen wir Ihnen zusätzliche Informationen zu diesem Programmsegment zur Verfügung.

Bitte sprechen Sie uns an:

E-Mail: WALHALLA@WALHALLA.de
http://www.WALHALLA.de

Walhalla Fachverlag · Haus an der Eisernen Brücke · 93042 Regensburg
Telefon 0941 5684-0 · Telefax 0941 5684-111

Horst Marburger

Das neue

Mutterschutz-

gesetz

Anwendungsbereich – Leistungen –
Durchführung des Arbeitsschutzes für
werdende und stillende Mütter

WALHALLA

Bibliografische Information der Deutschen Nationalbibliothek
Die Deutsche Nationalbibliothek verzeichnet diese Publikation in der Deutschen
Nationalbibliografie; detaillierte bibliografische Daten sind im Internet über
http://dnb.dnb.de abrufbar.

Zitiervorschlag:
Horst Marburger, Das neue Mutterschutzgesetz
Walhalla Fachverlag, Regensburg 2018

Hinweis: Unsere Werke sind stets bemüht, Sie nach bestem Wissen zu informieren.
Alle Angaben in diesem Buch sind sorgfältig zusammengetragen und geprüft. Durch
Neuerungen in der Gesetzgebung, Rechtsprechung sowie durch den Zeitablauf ergeben
sich zwangsläufig Änderungen. Bitte haben Sie deshalb Verständnis dafür, dass wir für
die Vollständigkeit und Richtigkeit des Inhalts keine Haftung übernehmen.
Bearbeitungsstand: Januar 2018

Produktion: Walhalla Fachverlag, 93042 Regensburg
Printed in Germany
ISBN 978-3-8029-4092-7

Schnellübersicht

1

2

3

4

5

Moderner Arbeitsschutz von Müttern bei der Arbeit, in der Ausbildung und im Studium

Das Mutterschutzgesetz (MuSchG) ist eines der wichtigsten Arbeitsschutzgesetze überhaupt, da es Mütter vor und nach der Geburt ihres Kindes vor Gefährdungen, Überforderung und Gesundheitsschädigung an ihrem Arbeitsplatz schützt. Das Mutterschaftsgeld verhindert finanzielle Einbußen, ein besonderer Kündigungsschutz den Verlust des Arbeitsplatzes. Die rechtlichen Vorgaben sind seit 1952 in Kraft und seither nur in wenigen Regelungsbereichen geändert worden.

Nach Ansicht des Gesetzgebers (Bundestag-Drucksache 18/8963) bestand inzwischen wegen der Veränderung der gesellschaftlichen und rechtlichen Rahmenbedingungen Bedarf zu einer grundlegenden Reform. Deshalb ist ein neues – ab 01.01.2018 geltendes – Mutterschutzgesetz geschaffen worden. Das „Gesetz zur Neuregelung des Mutterschutzrechts" vom 23.05.2017 (BGBl. I S. 1228) enthält als Artikel 1 die novellierte Vorschrift. Sie trägt nun die Bezeichnung „Gesetz zum Schutz von Müttern bei der Arbeit, in der Ausbildung und im Studium (Mutterschutzgesetz – MuSchG)".

Bewährte Schutzvorschriften sind mit in das neue Gesetz übernommen worden. Vieles wurde aber auch neu geregelt:

- Keine Arbeitsverbote mehr gegen den Willen der Mutter

- Nachtarbeitszeitverbot nur noch in Ausnahmefällen

- Mitspracherecht der Mütter bei der Arbeitszeit

- Neustrukturierung und Neufassung der Arbeitgeberpflichten zur Beurteilung der Arbeitsbedingungen für schwangere und stillende Frauen, Einschätzung der Gefährdung und zur Umgestaltung des Arbeitsplatzes

- Pflicht zur Gefährdungsbeurteilung hinsichtlich des Schutzes bei Schwangerschaft bei allen Arbeitsplätzen

Insbesondere soll mit der Reform auch berufsgruppenunabhängig ein für alle Frauen einheitliches Gesundheitsschutzniveau in der Schwangerschaft, nach der Entbindung und während der Stillzeit sichergestellt werden.

Auch Schülerinnen und Studentinnen sind nun in den Anwendungsbereich des Gesetzes einbezogen worden – soweit die jeweilige Ausbildungsstelle (z. B. Schule oder Hochschule) Ort, Zeit und Ablauf von Ausbildungsveranstaltungen verpflichtend vorgibt.

Das MuSchG ist durch die Reform zeitgemäß und verständlicher gefasst worden. Die Regelungen zum Mutterschutz sind besser strukturiert und übersichtlicher gestaltet worden. Aus diesem Grund sind die bisherigen Regelungen der Verordnung zum Schutz der Mütter am Arbeitsplatz (MuSchArbV) in das Gesetz integriert worden. Nach bisherigen Erfahrungen in der Praxis waren diese gesonderten Regelungen offenbar nicht hinreichend bekannt und wurden dementsprechend nicht konsequent angewendet. Mit der Integration in das MuSchG erhofft sich der Gesetzgeber nun eine bessere Beachtung dieser Schutzvorschriften.

Das vorliegende Buch soll eine unverzichtbare Hilfe sowohl für das Personalbüro als auch besonders für die hier in vielen Bereichen gefragten Personalvertreter (Betriebsrat, Personalrat, Mitarbeitervertretung, Vertrauensleute) bringen. Es geht darum, die gesetzlichen Vorgaben einzuhalten, um Nachteile für Arbeitgeber und Arbeitnehmer zu vermeiden.

Soweit die Rechtsprechung zum bisherigen Mutterschutzrecht noch anwendbar und damit weiterhin aktuell ist, wurde sie in den Erläuterungen berücksichtigt.

Beispiele und Schaubilder sollen das neue Recht noch anschaulicher machen.

Möge das Werk eine freundliche Aufnahme bei allen Betroffenen finden.

Horst Marburger

Abkürzungen

Abs.	Absatz
Abschn.	Abschnitt
ArbSchG	Arbeitsschutzgesetz
ArbZG	Arbeitszeitgesetz
Art.	Artikel
Az.	Aktenzeichen
BB	Betriebs-Berater (Zeitschrift)
BBiG	Berufsbildungsgesetz
BEEG	Bundeselterngeld- und Elternzeitgesetz
BetrVG	Betriebsverfassungsgesetz
BFDG	Bundesfreiwilligendienstgesetz
BGB	Bürgerliches Gesetzbuch
BGBl.	Bundesgesetzblatt
BioStoffV	Biostoff-Verordnung
BMAS	Bundesministerium für Arbeit und Sozialordnung
BSG	Bundessozialgericht
Buchst.	Buchstabe
BVA	Bundesversicherungsamt
bzw.	beziehungsweise
d. h.	das heißt
einschl.	einschließlich
EhfG	Entwicklungshelfergesetz
EuGH	Europäischer Gerichtshof
GefStV	Gefahrstoff-Verordnung
GG	Grundgesetz
GKVSG	GKV-Versorgungsstärkungsgesetz
GmbH	Gesellschaft mit beschränkter Haftung
HAG	Heimarbeitsgesetz
i. V. m.	in Verbindung mit
JArbSchG	Jugendarbeitschutzgesetz
JFDG	Jugendfreiwilligendienstgesetz
KVLG 1989	Zweites Gesetz über die Krankenversicherung der Landwirte
MuSchArbV	Mutterschutz-Arbeits-Verordnung
MuSchG	Mutterschutzgesetz
NJW	Neue Juristische Wochenschrift (Zeitschrift)

Nr.	Nummer
NZA	Neue Zeitschrift für Arbeitsrecht
OWiG	Ordnungswidrigkeitengesetz
PStV	Personenstands-Verordnung
RöV	Röntgen-Verordnung
S.	Seite
SGB	Sozialgesetzbuch
SGB III	Sozialgesetzbuch – Drittes Buch (Arbeitsförderung)
SGB IV	Sozialgesetzbuch – Viertes Buch (Gemeinsame Vorschriften für die Sozialversicherung)
SGB V	Sozialgesetzbuch – Fünftes Buch (Gesetzliche Krankenversicherung)
SGB VI	Sozialgesetzbuch – Sechstes Buch (Gesetzliche Rentenversicherung)
SGB IX	Sozialgesetzbuch – Neuntes Buch (Rehabilitation und Teilhabe von Menschen mit Behinderungen)
sog.	sogenannt(e)
StrlSchV	Strahlenschutz-Verordnung
SvEV	Sozialversicherungsentgelt-Verordnung
vgl.	vergleiche
WfbM	Werkstätte für behinderte Menschen
z. B.	zum Beispiel

Anwendungsbereich und Gesundheitsschutz

1

Anwendungsbereich

Ziele des Mutterschutzes

Das neue MuSchG ist im Wesentlichen am 01.01.2018 in Kraft getreten. Zu diesem Zeitpunkt trat das bisherige MuSchG außer Kraft.

Ziel und Anwendungsbereich des neuen MuSchG regelt sein § 1 Absatz 1 dieser Vorschrift bestimmt, dass das MuSchG die Gesundheit der Frau und ihres Kindes am

- Arbeitsplatz,
- Ausbildungsplatz,
- Studienplatz

während

- der Schwangerschaft
- nach der Entbindung und
- in der Stillzeit

schützt.

Nach der Begründung zum seit 01.01.2018 geltenden MuSchG umfasst das Schutzgut den Schutz vor jeder Form der physischen oder psychischen Beeinträchtigung der Gesundheit, denen die Frau bei der Arbeit bzw. am Ausbildungs- und Studienplatz während ihrer Schwangerschaft, nach der Entbindung und in der Stillzeit ausgesetzt ist oder sein kann. Die Regelungen zum Gesundheitsschutz sind unabdingbar. Der Begriff der Sicherheit findet anders als bisher keine gesonderte Erwähnung im Gesetz, ist jedoch als integraler Bestandteil des Gesundheitsschutzes ebenfalls erfasst.

Nach einer Fußnote zum Gesetz zur Neuregelung des Mutterschutzes dient es der Umsetzung der Richtlinie 92/85/EWG des Rates vom 19.10.1992 über die Durchführung von Maßnahmen zur Verbesserung der Sicherheit und des Gesundheitsschutzes von schwangeren Arbeitnehmerinnen, Wöchnerinnen und stillenden Arbeitnehmerinnen am Arbeitsplatz.

Entsprechend der Vorgaben der vorstehend erwähnten Mutterschutzrichtlinie gilt das Gesetz grundsätzlich auch für vor kurzem entbundene Frauen, die ihr Kind nicht stillen. Allerdings finden die Regelungen des betrieblichen Gesundheitsschutzes auf diese Personengruppe grundsätzlich keine Anwendung, da nach dem derzeitigen Stand der Wissenschaft keine gesundheitlichen Beeinträchtigungen bekannt sind, die unabhängig vom Stillen typischerweise nach dem Wochenbett auftreten und die die Belastbarkeit der Frauen auch nach Ablauf der obligatorischen Schutzfrist nach der Entbindung herabsetzen.

Vor individuellen Belastungssituationen bietet insoweit das ärztliche Beschäftigungsverbot nach § 16 MuSchG (vgl. die Ausführungen im Abschnitt „Ärztlicher Gesundheitsschutz" in diesem Kapitel) einen ausreichenden Schutz.

Nach den weiteren Ausführungen in § 1 Abs. 1 MuSchG ermöglicht es das Gesetz der Frau, ihre Beschäftigung oder sonstige Tätigkeit in der Zeit der Schwangerschaft, nach der Entbindung und in der Stillzeit ohne Gefährdung ihrer Gesundheit oder der ihres Kindes fortzusetzen. Es wirkt Benachteiligungen

- während der Schwangerschaft,
- nach der Entbindung und
- in der Stillzeit

entgegen.

Wichtig: Regelungen in anderen Arbeitsschutzgesetzen bleiben unberührt.

Hierdurch wird klargestellt, dass allgemeine Regelungen in den anderen Arbeitsschutzgesetzen (z. B. Arbeitsschutzgesetz – ArbSchG –, Jugendarbeitsschutzgesetz – JArbSchG –, Arbeitszeitgesetz – ArbZG –, Heimarbeitsgesetz – HAG), ergänzend zu den Regelungen des MuSchG anzuwenden sind.

Nach den Ausführungen in der Gesetzesbegründung gilt im Verhältnis der Vorschriften zueinander die jeweils strengere Regelung mit dem höheren Schutzniveau. Vorrangig anzuwenden sind insoweit insbesondere bestimmte Regelungen des JArbSchG. Soweit allgemeine Regelungen des Gesundheitsschutzes mutterschutzbezogene Regelungen enthalten (z. B. Strahlenschutzverordnung – StrlSchV –, Röntgenverordnung – RöV), sind diese als

Konkretisierung der Regelungen des MuSchG zu begreifen und an den Vorgaben des MuSchG zu messen. Die Beteiligungsrechte der Interessenvertretungen bestimmen sich uneingeschränkt nach dem Betriebsverfassungs- und Personalvertretungsrecht.

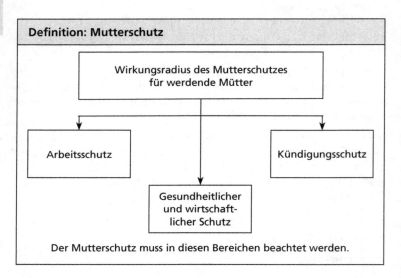

Definition: Mutterschutz

Wirkungsradius des Mutterschutzes für werdende Mütter

Arbeitsschutz

Kündigungsschutz

Gesundheitlicher und wirtschaftlicher Schutz

Der Mutterschutz muss in diesen Bereichen beachtet werden.

Nach § 1 Abs. 4 MuSchG gilt das Gesetz für jede Person, die schwanger ist, ein Kind geboren hat oder stillt.

Der Familienstand ist ohne Belang. Das Gesetz gilt für verheiratete und für ledige Frauen, für eheliche und außereheliche Schwangerschaften. Auch kommt es auf die Höhe des Einkommens und das Lebensalter nicht an.

Ferner ist die Staatsangehörigkeit nicht entscheidend. Den Mutterschutz genießen auch Ausländerinnen, Staatenlose und Frauen mit doppelter Staatsangehörigkeit, wenn die sonstigen Voraussetzungen erfüllt sind (vgl. die noch folgenden Ausführungen).

Frauen im Beschäftigungsverhältnis

§ 1 Abs. 2 MuSchG bestimmt, für welche Frauen das MuSchG gilt. Zunächst wird (in § 1 Abs. 2 Satz 1 MuSchG) vorgeschrieben, dass das Gesetz für Frauen in einer Beschäftigung im Sinne von § 7 Abs. 1 des Vierten Buches Sozialgesetzbuch (SGB IV) gilt.

In der Gesetzesbegründung wird darauf hingewiesen, dass in § 1 Abs. 2 Satz 1 MuSchG nunmehr anstelle des Arbeitnehmerbegriffs des bisherigen § 1 Nr. 1 MuSchG der Beschäftigtenbegriff im Sinne von § 7 Abs. 1 SGB IV maßgeblich ist. Danach ist Beschäftigung die nichtselbstständige Arbeit, insbesondere in einem Arbeitsverhältnis. Anhaltspunkte für eine Beschäftigung sind danach eine Tätigkeit nach Weisung und eine Eingliederung in die Arbeitsorganisation des Weisungsgebers. Nach gängiger Rechtspraxis knüpft „Beschäftigung" an den wirtschaftlichen und gesellschaftlichen Unterschied zwischen dem – selbstständigen – Unternehmer und dem – unselbstständig tätigen – Arbeitnehmer an, der für den Arbeitgeber nach dessen Weisungen sowie nach Maßgabe der arbeitsvertraglichen Vereinbarungen und Regelungen tätig wird.

1

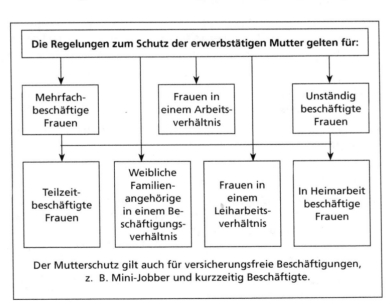

Die Regelungen zum Schutz der erwerbstätigen Mutter gelten für:

Mehrfach-beschäftigte Frauen	Frauen in einem Arbeitsverhältnis	Unständig beschäftigte Frauen

Teilzeit-beschäftigte Frauen	Weibliche Familienangehörige in einem Beschäftigungsverhältnis	Frauen in einem Leiharbeitsverhältnis	In Heimarbeit beschäftigte Frauen

Der Mutterschutz gilt auch für versicherungsfreie Beschäftigungen, z. B. Mini-Jobber und kurzzeitig Beschäftigte.

Wichtig: In Zweifelsfällen besteht für die betreffende Frau oder den Arbeitgeber die Möglichkeit, über das Anfrageverfahren nach § 7a SGB IV (Statusfeststellungsverfahren) den Status als Beschäftigte prüfen zu lassen.

1 Mit dem Verweis auf § 7 Abs. 1 SGB IV folgt das MuSchG nicht nur dem sozialversicherungsrechtlichen Beschäftigtenbegriff sondern auch dem Arbeitnehmerbegriff der EU.

In der Gesetzesbegründung wird darauf hingewiesen, dass mit diesem Beschäftigtenbegriff insbesondere auch Fremdgeschäftsführerinnen sowie Minderheiten-Gesellschafter-Geschäftsführerinnen einer GmbH erfasst werden, soweit sie aufgrund ihrer persönlichen Abhängigkeit unter den Beschäftigtenbegriff, nach § 7 SGB IV fallen.

Weitere Anspruchsberechtigte

Nach § 2 Abs. 2 Satz 2 MuSchG gilt das Gesetz, unabhängig davon, ob ein Beschäftigungsverhältnis im vorstehend geschilderten Sinne vorliegt, auch für

1. Frauen in betrieblicher Berufsausbildung und Praktikantinnen

2. Frauen mit Behinderung, die in einer Werkstatt für behinderte Menschen beschäftigt sind

3. Frauen, die als Entwicklungshelferinnen tätig sind (ohne Leistungsansprüche, wie z. B. Mutterschaftsgeld)

4. Frauen, die als Freiwillige im Sinne des Jugendfreiwilligengesetzes oder des Bundesfreiwilligengesetzes tätig sind

5. Frauen, die als Mitglieder einer geistlichen Genossenschaft, Diakonissen oder Angehörige einer ähnlichen Gemeinschaft auf einer Planstelle oder aufgrund eines Gestellungsverfahrens für diese tätig werden, auch während der Zeit ihrer dortigen außerschulischen Ausbildung

6. Frauen, die in Heimarbeit beschäftigt sind und ihnen Gleichgestellte, soweit sie am Stück mitarbeiten

7. Frauen, die wegen ihrer wirtschaftlichen Unselbstständigkeit als arbeitnehmerähnliche Person anzusehen sind. Die leistungsrechtlichen Regelungen (Mutterschaftsgeld, Mutter-

schutzlohn, Zuschuss zum Mutterschaftsgeld) finden hier keine Anwendung, da Art und Umfang der sozialen Absicherung in der Entscheidung der selbstständigen erwerbstätigen Frauen liegen. Anspruch auf Mutterschaftsgeld besteht für diese Frauen, soweit sie (freiwilliges) Mitglied einer gesetzlichen Krankenkasse sind und bei Arbeitsunfähigkeit Anspruch auf Krankengeld haben

1

8. Schülerinnen und Studentinnen, soweit die Ausbildungsstelle Ort, Zeit und Ablauf der Ausbildungsveranstaltung verpflichtend vorgibt oder die ein im Rahmen der schulischen oder hochschulischen Ausbildung verpflichtend vorgegebenes Praktikum ableisten. Dies gilt allerdings mit der Maßgabe, dass die Vorschriften über den Kündigungsschutz (vgl. dazu Kapitel 3) nicht anzuwenden sind.

Zu Nr. 1: Frauen in betrieblicher Berufsausbildung und Praktikantinnen

Das MuSchG findet wie bisher auf Frauen in betrieblicher Berufsbildung nach dem BBiG Anwendung. Erfasst sind damit die Berufsausbildungsvorbereitung, die Berufsausbildung, die berufliche Fortbildung sowie die betriebliche Umschulung. Nach den Ausführungen in der Gesetzesbegründung können Frauen in betrieblicher Berufsbildung je nach Ausgestaltung des Ausbildungsverhältnisses auch Beschäftigte sein und sind dann schon nach den vorstehenden Ausführungen geschützt. Nr. 1 findet insoweit nur nachrangig Anwendung.

Es werden auch Frauen erfasst, die Praktika im Sinne von § 26 Berufsbildungsgesetz (BBiG) ableisten. Nach § 26 i. V. mit § 10 Abs. 2 BBiG sind auf einen Berufsausbildungsvertrag für Personen, die eingestellt werden, um berufliche Fertigkeiten, Kenntnisse, Fähigkeiten oder berufliche Erfahrungen zu erwerben, ohne dass es sich um eine Berufsausbildung im Sinne des BBiG handelt (freiwillige Praktikantinnen), grundsätzlich die für den Arbeitsvertrag geltenden Rechtsvorschriften und Rechtsgrundsätze und damit auch die Mutterschutzvorschriften anzuwenden. Grundsätzlich nicht erfasst werden damit Frauen, die im Rahmen ihrer schulischen oder hochschulischen Ausbildung verpflichtende Praktika

(Pflichtpraktika) durchführen müssen. Sie werden durch die Regelung der Nr. 8 (vgl. dazu die Ausführungen hierzu) erfasst.

Für Praktikantinnen, deren Praktikum weder unter Nr. 1 als freiwilliges Praktikum noch unter Nr. 8 als Pflichtpraktikum im Rahmen einer Ausbildung fällt, richtet sich die Anwendung des MuSchG nach ihrem jeweiligen Status, z. B. bei Praktika von Berufs- und Zeitsoldatinnen.

Zu Nr. 2: Frauen mit Behinderungen in WfbM

Je nach Ausgestaltung des Sozialrechtsverhältnisses können Frauen mit Behinderung, die in einer Werkstätte für behinderte Menschen (WfbM) beschäftigt sind, auch als Arbeitnehmer zum berechtigten Personenkreis des MuSchG gehören. In den Fällen, in denen die soziale Betreuung überwiegt und nur ein Taschengeld gezahlt wird, wird in der Regel jedoch kein Beschäftigungsverhältnis vorliegen.

Zu Nr. 3: Entwicklungshelferinnen

Die Erwähnung von Entwicklungshelferinnen als zum Kreis der Anspruchsberechtigten nach dem MuSchG gehörend, dient der Klarstellung. Nach § 4 Abs. 1 Nr. 4 Entwicklungshelfer-Gesetz (EhfG) hatte bereits für die Zeit vor Inkrafttreten des neuen MuSchG der Träger des Entwicklungsdienstes die Pflicht des Arbeitgebers nach dem MuSchG vertraglich zu übernehmen. Die §§ 17 bis 21 MuSchG (Kündigungsschutz, Leistungen) finden allerdings auf Entwicklungshelferinnen keine Anwendung. Für sie gilt die speziellere Regelung zur Gewährung der Unterhaltsleistungen während der Schwangerschaft und der Schutzfristen nach § 8 Abs. 2 EhfG.

Zu Nr. 4: Frauen, die einen Freiwilligendienst machen

Auf schwangere und stillende Freiwillige nach dem BFDG oder JFDG wurde bereits bisher das MuSchG angewendet. Eine Ausweitung des Anwendungsbereichs auf diese Personengruppen erfolgt damit nicht.

Zu Nr. 5: Innerhalb oder außerhalb eines Ordens beschäftigte Frauen

Nach den Ausführungen in der Gesetzesbegründung erfasst die Einbeziehung in Nr. 5 nur diejenigen Frauen, die entweder aufgrund eines Gestellungsvertrages in einer Einrichtung außerhalb des Ordens wie z. B. in Krankenhäusern oder in einer Schule arbeiten oder die auf Planstellen innerhalb des Ordens beschäftigt sind. Nicht erfasst werden Frauen, die im Rahmen des klösterlichen Zusammenlebens, das familienähnlich ausgestaltet ist, rein religiösen, meditativen oder sakralen Handlungen nachgehen. Erfasst werden auch Frauen, die im Rahmen eines Postulats oder Noviziats eine Ausbildung zur Ordensfrau machen. Postulat oder Noviziat gelten als außerschulische Ausbildungsverhältnisse. Frauen, die eine solche Ausbildung durchlaufen, fallen unter den Begiff der Mitglieder einer geistlichen Genossenschaft.

Erfasst werden auch Frauen, die im Rahmen eines Postulats oder Noviziats eine Ausbildung zur Ordensfrau machen. Postulat oder Noviziat gelten als außerschulische Ausbildungsverhältnisse. Frauen, die eine solche Ausbildung durchlaufen, fallen unter den Begiff der Mitglieder einer geistlichen Genossenschaft.

Zu Nr. 6: In Heimarbeit beschäftigte Frauen

Wie bereits nach vor dem 01 01. 2018 geltenden Recht gilt das MuSchG grundsätzlich auch für eine in Heimarbeit beschäftigte Frau und die ihr Gleichgestellten im Sinne des § 1 Abs. 1 und 2 des HAG. Im Unterschied zur Betriebsarbeit sind die in Heimarbeit beschäftigten Frauen und ihnen Gleichgestellte für die Arbeitsbedingungen grundsätzlich selbst verantwortlich (§ 16 HAG). Nach ausdrücklicher Vorschrift in § 1 Abs. 2 Nr. 6 MuSchG sind die §§ 10 und 14 MuSchG nicht auf sie anzuwenden. § 10 MuSchG beschäftigt sich mit der Beurteilung der Arbeitsbedingungen und der Schutzmaßnahmen (vgl. Abschnitt „Betrieblicher Gesundheitsschutz" in diesem Kapitel), während § 14 MuSchG die Dokumentation und die Information durch den Arbeitgeber zum Gegenstand hat (vgl. die Ausführungen im Abschnitt „Zuschuss zum Mutterschaftsgeld" im Kapitel 3.). Hierdurch wird – so die Gesetzesbegründung – den Besonderheiten der Heimarbeit Rechnung getragen. § 9 Abs. 1 und 5 MuSchG sind auf Heimarbeiterinnen entsprechend anzuwenden. Es geht hier um die Gestaltung der Arbeitsbedingungen und das Vorliegen einer unverantwortbaren Gefährdung. Durch die Formulierung „entsprechende Anwendung" wird zum Ausdruck gebracht, dass die Pflichten der

Arbeitgeber bei der Gestaltung der Arbeitsbedingungen für die Auftraggeber und Zwischenmeister nur insoweit gelten, als sie in ihrem Einflussbereich liegen.

Zu Nr. 7: Frauen in arbeitnehmerähnlicher Position

1 In der Vollzugspraxis der Aufsichtsbehörden wird bereits bisher über § 4 Nr. 6 MuSchG, nach dem der Arbeitgeber spezielle Gefahren für besonders schutzbedürftige Beschäftigungsgruppen berücksichtigen muss, die Einhaltung der mutterschutzrechtlichen Vorschriften für schwangere oder stillende arbeitnehmerähnliche Personen überprüft. Nach der Auffassung in der Gesetzesbegründung dient die ausdrückliche Einbeziehung der arbeitnehmerähnlichen Personen in den persönlichen Anwendungsbereich des MuSchG der Rechtssicherheit im Vollzug. Die Pflichten nach dem MuSchG gelten für den Dienstberechtigten oder Besteller nur insoweit, als sie in ihren Einflussbereich fallen.

Die Notwendigkeit der Einbeziehung solcher arbeitnehmerähnlicher Personen in den Anwendungsbereich ergibt sich zudem aus der Rechtsprechung des Europäischen Gerichtshofs (EuGH); Urteil vom 11. 11. 2010, C-232/09, Neue Juristische Wochenschrift – NJW – 2011, S. 2343). In der genannten Entscheidung wird der notwendige Schutz für Schwangere unabhängig von der Frage, ob es sich bei der schwangeren Person um eine Arbeitnehmerin oder eine selbstständig Erwerbstätige handelt, unter Berufung auf das Diskriminierungsverbot der Gleichbehandlungsrichtlinie der EU betont. Dem wird durch die Einbeziehung dieses Personenkreises in den Gesundheitsbereich und des besonderen Kündigungsschutzes des MuSchG (vgl. die Ausführungen in den Kapiteln 2 bis 5) Rechnung getragen.

Zu Nr. 8: Schülerinnen, Studentinnen

In der Gesetzesbegründung wird zum Personenkreis der Nr. 8 hingewiesen, dass in diesen Fällen der Person oder Einrichtung, mit der das Ausbildungsverhältnis besteht, die gleiche Verantwortlichkeit zuzuweisen ist, wie einem Arbeitgeber. Als Begründung wird ausgeführt, dass die Person oder Einrichtung durch die Gestaltung der Ausbildungsbedingungen das mögliche mutterschutzrechtliche Gefährdungspotenzial maßgeblich beeinflusst. Dementsprechend hat sie in diesem Rahmen wie ein Arbeitgeber die

Einhaltung der mutterschutzrechtlichen Vorgaben sicherzustellen und eine entsprechende Gefährdungsbeurteilung zu erstellen. Sie muss in gleicher Weise dafür Sorge tragen, dass die Studentinnen oder Schülerinnen in den von ihr gestalteten Arbeits- und Verfahrensabläufen keinen unverantwortbaren Gefährdungen ausgesetzt sind oder sein können. Dabei soll der jeweiligen Studentin oder Schülerin grundsätzlich – soweit dies verantwortbar ist – auch in der Schwangerschaft und in der Stillzeit die Fortsetzung der Ausbildung ermöglicht werden. Nachteile aufgrund der Schwangerschaft, der Entbindung oder der Stillzeit sollen vermieden oder ausgeglichen werden (z. B. Ersatztermine für das Ablegen von Prüfungsleistungen). Vgl. dazu § 9 Abs. 1 MuSchG.

Soweit Schülerinnen und Studentinnen im Wesentlichen frei darüber bestimmen können, ob und in welcher Weise sie bestimmte Tätigkeiten im Rahmen ihrer Ausbildung vornehmen (beispielsweise Bibliotheksbesuche oder Teilnahme an freien Vorlesungs- oder Sportangeboten), sind sie hingegen nicht in verpflichtend vorgegebene Arbeits- und Verfahrensabläufe eingebunden. Insoweit finden die mutterschutzrechtlichen Regelungen keine Anwendung. Die Person oder Einrichtung, mit der das Ausbildungsverhältnis besteht und die die entsprechenden Angebote vorhält, trifft insoweit keine Verantwortlichkeit, die über die allgemein geltenden Schutzpflichten (etwa Verkehrssicherungspflichten) hinausgeht.

Soweit Schülerinnen und Studentinnen bereits durch bereichsspezifische Arbeitsschutzbestimmungen (z. B. StrlSchV), RöV, Biostoffverordnung (BiostoffV) oder Gefahrstoffverordnung (GefStV) erfasst werden, sind schon nach bisheriger Rechtslage zusätzlich die Regelungen zum Mutterschutz zu berücksichtigen. Diese gehen vor, soweit in den bereichsspezifischen Regelungen der Umstand der besonderen Schutzbedürftigkeit während der Schwangerschaft oder nach der Entbindung nicht berücksichtigt wird.

Unter Nr. 8 fallen auch Schülerinnen und Studentinnen, die im Rahmen ihrer schulischen oder hochschulischen Ausbildung ein verpflichtend vorgegebenes Praktikum ableisten, da sie ihren Status als Schülerin bzw. Studentin behalten.

1

Nicht erfasst werden Praktika, deren Durchführung Voraussetzung für die Aufnahme eines bestimmten Studiums ist, weil die
Praktikantin zum Zeitpunkt der Durchführung des Praktikums
noch keine Schülerin oder Studentin ist und auch nicht notwendigerweise werden wird.

Schülerinnen und Studentinnen sind vom Leistungsrecht ausgeschlossen, also vom Anspruch auf Mutterschaftslohn, Mutterschaftsgeld und vom Zuschuss zum Mutterschaftsgeld. Etwas
anderes gilt allerdings für sog. Werkstudentinnen, die Mitglied
einer Krankenkasse und in dem neben ihrem Studium ausgeübten Beschäftigungsverhältnis zur Krankenversicherung nach § 6
Abs. 1 Nr. 3 Sozialgesetzbuch – Fünftes Buch (SGB V) versicherungsfrei sind. Diese Personengruppe hat bereits nach bisher
geltender Rechtslage Anspruch auf Mutterschaftsgeld nach § 24i
Abs. 1 Satz 1, 2. Alternative SGB V (vgl. dazu die Ausführungen
in Abschn. 1).

Begriffsbestimmungen

§ 2 MuSchG enthält Begriffsbestimmungen, die sich auf den Anwendungsbereich des MuSchG beziehen.

Zunächst zum **Arbeitgeberbegriff**: Nach § 2 Abs. 1 Satz 1 MuSchG
ist Arbeitgeber im Sinne des MuSchG die natürliche und juristische
Person oder die rechtsfähige Personengesellschaft, die Frauen in
einem Beschäftigungsverhältnis im oben erwähnten Sinne beschäftigen.

§ 2 Abs. 1 Satz 2 MuSchG zählt acht Personengruppen auf, die
dem Arbeitgeber gleichgestellt sind. Danach stehen dem Arbeitgeber gleich:

1. die natürliche oder juristische Person oder die rechtsfähige Personengesellschaft, die Frauen in betrieblicher Berufsbildung
   ausbildet oder für die Praktikantinnen tätig sind,

2. der Träger einer Werkstatt für behinderte Menschen,

3. der Träger des Entwicklungsdienstes,

4. die Einrichtung, in der der Freiwilligendienst nach dem JFDG
   oder nach dem BFDG geleistet wird,

5. die gesetzliche Genossenschaft und ähnliche Gemeinschaft,

6. der Auftraggeber oder der Zwischenmeister von Heimarbeiterinnen,

7. die natürliche oder juristische Person oder die rechtsfähige
   Personengesellschaft, für die Frauen als arbeitnehmerähnliche
   Personen tätig sind,

8. die natürliche oder juristische Person oder die rechtsfähige
   Personengesellschaft, mit der das Ausbildungs- oder Prakti-
   kantenverhältnis der Schülerinnen und Studentinnen besteht
   (Ausbildungsstelle).

Die vorstehende Übersicht bezieht sich auf die Aufzählung der
Personen, die wie Beschäftigte dem Geltungsbereich des MuSchG
unterliegen (vgl. die obigen Ausführungen).

§ 2 Abs. 3 MuSchG beschäftigt sich mit dem Begriff des **Beschäftigungsverbots** (vgl. dazu die Ausführungen im Abschnitt „Arbeitszeitlicher Gesundheitsschutz" in diesem Kapitel).

In § 2 Abs. 4 MuSchG geht es dagegen um den Begriff der **Alleinarbeit**. Hiernach liegt Alleinarbeit im Sinne des MuSchG vor, wenn
der Arbeitgeber eine Frau an einem Arbeitsplatz in seinem räumlichen Verantwortungsbereich beschäftigt, ohne dass gewährleistet ist, dass sie jederzeit den Arbeitsplatz verlassen oder Hilfe
erreichen kann. Nach den Ausführungen in der Beschlussemp-
fehlung und Bericht des Ausschusses für Familie, Senioren, Frauen
und Jugend (11. Ausschuss – Bundestag-Drucksache 18/11782)
setzt der Begriff der Alleinarbeit damit zunächst voraus, dass die
Tätigkeit im räumlichen Verantwortungsbereich des Arbeitgebers
ausgeübt wird. Damit werden grundsätzlich nicht nur Tätigkeiten
auf dem Betriebsgelände erfasst, sondern auch Arbeitsplätze außerhalb des Betriebsgeländes, die aber im Verantwortungsbereich
des Arbeitgebers verbleiben. Nicht als Alleinarbeit im Sinne des
MuSchG gelten hingegen die Heim- und Telearbeit. Eine in Heimarbeit beschäftigte Frau kann ihren Arbeitsplatz grundsätzlich
jederzeit verlassen, wenn dies aus gesundheitlichen Gründen notwendig sein sollte (z. B. wegen plötzlicher Übelkeit), ohne dass
sie deswegen mit Nachteilen von Seiten des Auftraggebers oder

Zwischenmeisters rechnen muss. Entsprechendes gilt auch für in Telearbeit beschäftigte Frauen.

Zudem setzt Alleinarbeit voraus, dass der Arbeitgeber eine Frau beschäftigt, ohne dass gewährleistet ist, dass sie jederzeit den Arbeitsplatz verlassen oder Hilfe erreichen kann. Alleinarbeit liegt demnach insbesondere dann nicht vor, wenn während der Beschäftigung jederzeit eine weitere Person verfügbar ist, die der schwangeren Frau erforderlichenfalls helfen kann.

Der Begriff der Alleinarbeit findet ausdrückliche Erwähnung in:

- § 2 Abs. 2 Satz 2 Nr. 3 MuSchG (Verbot der Nachtarbeit; vgl. dazu die Ausführungen im Abschnitt „Arbeitszeitlicher Gesundheitsschutz" in diesem Kapitel),

- § 6 Abs. 1 Satz 2 Nr. 4 und Abs. 2 Satz 2 Nr. 4 MuSchG (Verbot der Sonn- und Feiertagsarbeit; dazu die Ausführungen im Abschnitt „Arbeitszeitlicher Gesundheitsschutz" in diesem Kapitel),

- sowie in § 29 Abs. 3 Satz 2 Nr. 1 Buchst. c MuSchG (Aufsichtsbehörden; vgl. die Ausführungen im Abschnitt „Aufsichtsbehörden" in Kapitel 4).

Der letzte Begriff, der in § 2 MuSchG erläutert wird, ist der des **Arbeitsentgelts**. Danach ist Arbeitsentgelt im Sinne des MuSchG das Arbeitsentgelt, das nach § 14 des SGB IV i. V. m. einer aufgrund des § 17 SGB IV erlassenen Verordnung bestimmt wird. Für Frauen im Sinne von § 1 Abs. 2 Satz 2 MuSchG (Frauen, für die das MuSchG ohne Rücksicht auf das Bestehen eines Beschäftigungsverhältnisses gilt) gilt als Arbeitsentgelt ihre jeweilige Vergütung.

Nach § 14 Abs. 1 SGB IV sind Arbeitsentgelt alle laufenden oder einmaligen Einnahmen aus einer Beschäftigung, gleichgültig, ob ein Rechtsanspruch auf die Einnahmen besteht. Gleichgültig ist auch, unter welcher Bezeichnung oder in welcher Form sie geleistet werden und ob sie unmittelbar aus der Beschäftigung oder in Zusammenhang mit ihr erzielt werden.

Arbeitsentgelt sind auch Entgeltteile, die durch Entgeltumwandlung nach § 1 Abs. 2 Nr. 3 des Betriebsrentengesetzes für betriebliche Altersversorgung in den Durchführungswegen Direktzusage oder Unterstützungskasse verwendet werden, soweit sie 4 % der jährlichen Beitragsbemessungsgrenze der allgemeinen Rentenversicherung übersteigen. 2018 handelt es sich hier um einen Betrag von 3.120 EUR.

Ist ein Nettoarbeitsentgelt vereinbart, gelten nach § 14 Abs. 2 SGB IV als Arbeitsentgelt die Einnahmen des Beschäftigten einschließlich der darauf entfallenden Steuern und der seinem gesetzlichen Anteil entsprechenden Beiträge zur Sozialversicherung und zur Arbeitsförderung (Arbeitslosenversicherung). Sind bei illegalen Beschäftigungsverhältnissen Steuern und Beiträge zur Sozialversicherung und zur Arbeitsförderung nicht gezahlt worden, gilt ein Nettoarbeitsentgelt als vereinbart.

1

Wird ein Haushaltsscheck (§ 28a Abs. 7 SGB IV) verwendet, bleiben Zuwendungen unberücksichtigt, die nicht in Geld gewährt werden (Sachbezüge) – § 14 Abs. 3 SGB IV –.

§ 17 SGB IV sieht eine Ermächtigung für das Bundesministerium für Arbeit und Soziales (BMAS) zum Erlass einer Rechtsverordnung mit Zustimmung des Bundesrates zur Wahrung der Belange der Sozialversicherung und der Arbeitsförderung, zur Förderung der betrieblichen Altersversorgung oder zur Vereinfachung des Beitragseinzugs vor.

Dabei ist eine möglichst weitgehende Übereinstimmung mit den Regelungen des Steuerrechts sicherzustellen. Aufgrund dieser Ermächtigung ist die Sozialversicherungsentgeltverordnung (SvEV) erlassen worden, die beispielsweise Einzelheiten über den Wert der vom Arbeitgeber gewährten Sachbehzüge enthält. Die SvEV sieht außerdem beispielsweise Vorschriften über Zuwendungen vor, die dem sozialversicherungspflichtigen Entgelt nicht zuzurechnen sind.

Ausnahmen von der Anwendung des MuSchG

§ 1 Abs. 3 MuSchG bestimmt, dass das MuSchG nicht für Beamtinnen, Richterinnen und Soldatinnen anzuwenden ist. Der rechtliche Rahmen des neuen MuSchG wird unter Wahrung der EU-rechtlichen Vorgaben wie bisher auf die Beamtinnen, Richterinnen und

Soldatinnen im Rahmen geltender Vorschriften des Bundes und der Länder übertragen.

Sofern Bundesbeamtinnen im aktiven Beamtenverhältnis gleichzeitig Studierende sind, wie z. B. bei Beamtinnen auf Widerruf, die am fachspezifischen Vorbereitungsdienst des gehobenen nichttechnischen Dienstes in der allgemeinen und inneren Verwaltung des Bundes teilnehmen, findet § 1 Abs. 2 Satz 2 Nr. 8 MuSchG über die Anwendung des MuSchG auf Schülerinnen und Studentinnen keine Anwendung, da § 1 Abs. 3 Satz 1 MuSchG die spezielle Regelung ist.

Das MuSchG gilt nach § 1 Abs. 3 Satz 2 MuSchG selbst dann nicht für Soldatinnen, auch soweit sonst die Voraussetzungen für die Anwendung des MuSchG erfüllt wären. Das MuSchG ist aber dann anzuwenden, wenn Soldatinnen aufgrund dienstlicher Anordnung oder Gestattung außerhalb des Geschäftsbereichs des Bundesverteidigungsministeriums tätig sind. Dies ist z. B. dann gegeben, wenn sich eine Soldatin für ihr Medizinstudium an einer zivilen Hochschule beurlauben lässt.

Im Übrigen gilt das MuSchG nicht für

- Hausfrauen, die z. B. als Ehefrauen ihren Haushalt führen, soweit sie nicht etwa gleichzeitig Arbeitnehmerinnen sind,

- mithelfende Familienangehörige, die ihre Arbeit im Rahmen familienrechtlicher Verpflichtung verrichten, d. h., bei denen kein Arbeitsverhältnis vorliegt,

- Frauen in unfreier Arbeit, z. B. Strafgefangene, Fürsorgezöglinge innerhalb der Anstalten,

- sog. Hausschwangere, die in einem Entbindungsheim Hausarbeiten verrichten und dafür kostenlos unterhalten und entbunden werden,

- Frauen, die aus Gefälligkeit, Nachbarschaftshilfe oder Nächstenliebe tätig sind.

Arbeitszeitlicher Gesundheitsschutz

Schutzfristen

§ 3 MuSchG beschäftigt sich mit den Schutzfristen

- vor und
- nach

der Entbindung.

Es handelt ich hier um generelle Beschäftigungsverbote:

1

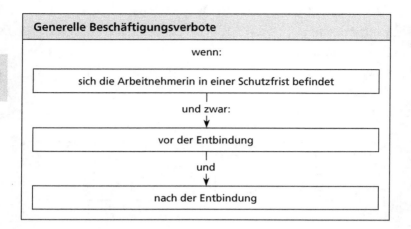

Generelle Beschäftigungsverbote

wenn:

sich die Arbeitnehmerin in einer Schutzfrist befindet

und zwar:

vor der Entbindung

und

nach der Entbindung

Vor der Entbindung

Nach § 3 Abs. 1 MuSchG darf der Arbeitgeber eine schwangere Frau in den letzten sechs Wochen vor der Entbindung nicht beschäftigen. Das Gesetz spricht hier von der Schutzfrist vor der Entbindung. Es handelt sich hier allerdings nicht um ein absolutes Beschäftigungsverbot. Die werdende Mutter kann sich – jederzeit widerruflich – ausdrücklich zur Arbeitsleistung während der Schutzfrist vor der Entbindung bereit erklären. Dies kann auch einfach durch eine mündliche Erklärung geschehen.

Wurde die Arbeitnehmerin vom Arbeitgeber oder dem betrieblichen Vorgesetzten ausdrücklich auf das Beschäftigungsverbot und den Beginn der Schutzfrist hingewiesen und arbeitet sie trotzdem weiter, so liegt darin die ausdrückliche Bereiterklärung.

Für minderjährige Schwangere ist die Zustimmung des gesetzlichen Vertreters erforderlich, und zwar auch dann, wenn sie nach § 113 Bürgerliches Gesetzbuch (BGB) ermächtigt sind, in Dienst oder in Arbeit zu treten.

Die Frau kann die Bereiterklärung zur Arbeitsleistung jederzeit mit Wirkung für die Zukunft widerrufen. Auf das Widerrufsrecht kann nicht verzichtet werden. Wie die Erklärung, so ist auch der

Widerruf an keine Form gebunden. Erklärung und Widerruf müssen aber gegenüber dem Arbeitgeber oder einem Vorgesetzten abgegeben werden, der zur Entgegennahme befugt ist.

Für die Berechnung der Schutzfrist vor der Entbindung ist der voraussichtliche Tag der Entbindung maßgeblich, wie er sich aus dem ärztlichen Zeugnis oder dem Zeugnis einer Hebamme oder eines Entbindungspflegers ergibt. Entbindet eine Frau nicht am voraussichtlichen Tag, verkürzt oder verlängert sich die Schutzfrist vor der Entbindung entsprechend.

1

Die Schutzfrist beläuft sich auf 42 Kalendertage und beginnt nach § 188 BGB mit dem Wochentag der sechsten Woche, der nach seiner Benennung dem (mutmaßlichen) Tag der Entbindung entspricht. Würde z. B. als mutmaßlicher Tag der Entbindung Samstag, den 28.04.2018, festgestellt, so begann die Schutzfrist am Samstag, den 17.03.2017.

Wichtig: Das Bundesarbeitsgericht (BAG) hat in seinem Urteil vom 13.10.1982 (Az: 5 AZR 370/80) festgestellt, dass sich die Zeit der Schutzfrist nicht lohnmindernd auswirken darf. So ist der Arbeitgeber nicht dazu berechtigt, eine jährlich zu zahlende Jahressonderleistung (z. B. Weihnachtsgeld) wegen Fehlzeiten, die durch Inanspruchnahme der Schutzfrist entstehen, anteilig zu kürzen. Enthält ein Tarifvertrag eine entsprechende Regelung, ist diese nichtig.

Wird in einer Vergütungsregelung allerdings bestimmt, dass eine vermögenswirksame Leistung nur weitergezahlt wird, wenn dem Mitarbeiter (der Mitarbeiterin) für die betreffende Zeit Dienstbezüge, Urlaubsvergütung oder Krankenbezüge zustehen, muss der Arbeitgeber die vermögenswirksame Leistung während der Schutzfrist nicht weiterzahlen. Dies hat das BAG in seinem Urteil vom 15.08.1984 (Az.: 5 AZR 47/83) ausdrücklich festgestellt.

Nach Ansicht des BAG bestehen gegen die Wirksamkeit einer entsprechenden arbeitsrechtlichen Regelung keine verfassungsrechtlichen Bedenken.

Nach der Entbindung

Nach § 3 Abs. 2 MuSchG dürfen Mütter bis zum Ablauf von acht Wochen nach der Entbindung nicht beschäftigt werden.

1 Die Frist (56 Kalendertage) berechnet sich nach § 188 BGB. Der Entbindungstag wird nicht mitgerechnet. Erfolgt die Entbindung beispielsweise an einem Donnerstag, so endet die Frist mit dem Donnerstag der achten Woche.

Das Beschäftigungsverbot während der Schutzfrist nach der Entbindung gilt absolut. Die Beschäftigung ist somit selbst dann verboten, wenn sich die Frau zur Arbeitsleistung bereit erklärt. Hier gibt es allerdings eine Ausnahme: § 3 Abs. 4 MuSchG schreibt nämlich vor, dass der Arbeitgeber eine Frau nach dem Tod ihres Kindes bereits nach Ablauf der ersten zwei Wochen nach der Entbindung beschäftigen kann, wenn

- die Frau dies ausdrücklich verlangt und
- nach ärztlichem Zeugnis nichts dagegen spricht.

Ihre Erklärung kann die Frau jederzeit mit Wirkung für die Zukunft widerrufen. Die Ausbildungsstelle darf eine Frau (Schülerin oder Studentin) bereits in der Schutzfrist nach der Entbindung im Rahmen der schulischen oder hochschulischen Ausbildung tätig werden lassen. Voraussetzung ist, dass die Frau dies ausdrücklich gegenüber ihrer Ausbildungsstelle verlangt. Die Frau kann ihre Erklärung nach § 3 Abs. 3 MuSchG jederzeit mit Wirkung für die Zukunft zurücknehmen. Soweit die Prüfung von der Studentin aus gesundheitlichen (oder mutterschutzbezogenen) Gründen abgebrochen wird, richtet sich die Berücksichtigung dieser gesundheitlichen Belange nach den allgemeinen Regelungen.

Die Länge der Schutzfristen bestimmt sich nach § 3 Abs. 2 MuSchG (vgl. dazu die noch folgenden Ausführungen). Nach der in der Gesetzesbegründung vertretenen Auffassung entspricht es der gesetzgeberischen Zielsetzung, dass mutterschutzrechtlicher Gesundheitsschutz grundsätzlich zu gewähren ist und im Hinblick auf Schülerinnen und Studentinnen nur dann keine Anwendung findet, wenn sich die Schülerin oder Studentin bewusst dagegen entscheidet. Anders als vor dem 01.01.2018 in einigen landesrechtlichen Regelungen vorgesehen, wird der mutterschutzrechtliche

Gesundheitsschutz nicht nur auf Antrag gewährt. Vielmehr liegt es in der Verantwortung der Schule und Hochschule, den Schutzstandard nach dem MuSchG im Rahmen ihrer Regelungskompetenz über die Ausbildungs- und Studiengänge grundsätzlich vorzuhalten.

1

Durch die vorstehende Regelung wird dem Wunsch von Schülerinnen und Studentinnen nach einer zügigen Fortsetzung der schulischen oder hochschulischen Ausbildung Rechnung getragen.

Wie bereits erwähnt, beläuft sich die Schutzfrist auf acht Wochen. Sie verlängert sich auf zwölf Wochen

- bei Frühgeburten,

- bei Mehrlingsgeburten und,

- wenn vor Ablauf von acht Wochen nach der Entbindung bei dem Kind eine Behinderung im Sinne von § 2 Abs. 1 des Neunten Buches Sozialgesetzbuch (SGB IX) ärztlich festgestellt wird.

  Um die Rechtsfolge der verlängerten Schutzfrist und die damit verbundenen finanziellen Leistungen (z. B. Mutterschaftsgeld) auszulösen, bedarf es aber keines Verfahrens zur Feststellung des Grades der Behinderung nach § 152 SGB IX.

Die Verlängerung tritt also von 56 auf 84 Kalendertagen ein.

Wichtig: Die Schutzfrist verlängert sich in einem solchen Fall nur auf Antrag der Frau, der beim Arbeitgeber gestellt werden muss.

Die Frau muss ihre Krankenkasse über den gestellten Antrag informieren, damit diese die verlängerte Schutzfrist bei der Auszahlung des Mutterschaftsgeldes entsprechend berücksichtigen kann.

Der Anspruch auf die Verlängerung der Schutzfrist besteht bereits, wenn eine Behinderung im Sinne des § 2 Abs. 1 Satz 2 MuSchG zu erwarten ist. Der Pflegebedarf, der in diesen Fällen besteht, ist nach der Begründung zum neuen MuSchG insoweit nicht maßgeblich und damit auch nicht ärztlich festzustellen. Andere Ansprüche wegen eines in diesen Fällen gegebenen erhöhten Pflegebedarfs, insbesondere solche nach dem SGB V (gesetzliche Krankenversicherung) oder nach dem SGB IX (Rehabilitation), bleiben unberührt.

Wichtig: Behinderungen, die erst nach Ablauf von acht Wochen nach der Entbindung festgestellt werden, können nicht nachträglich eine verlängerte Schutzfrist auslösen.

Bei vorzeitiger Entbindung verlängert sich die Schutzfrist nach der Entbindung von acht Wochen oder von zwölf Wochen um den Zeitraum der Verkürzung der Schutzfrist vor der Entbindung. Dadurch erhält die Frau nach der Entbindung „den Fristanteil zurück, der ihr von der Mutterschutzfrist vor der Geburt verloren gegangen war".

Beispiel: _____

Mutmaßlicher Entbindungstag:	08.02.2018
Beginn der Schutzfrist vor der Entbindung:	28.12.2017
Letzter Arbeitstag:	27.12.2017
Entbindungstag:	09.01.2018
Verkürzung der Schutzfrist:	28.12.2017 – 8.01.2018
dadurch „nicht in Anspruch genommen":	30 Tage

Ergebnis: Die Schutzfrist von zwölf Wochen (Ende: 03.04.2018) verlängert sich um 30 Tage und endet nunmehr am 03.05.2018.

Eine Verlängerung der Schutzfrist nach der Entbindung kommt aber nicht oder nur teilweise in Betracht, wenn bis zum Beginn der Schutzfrist vor der Entbindung Krankengeld bezogen wurde.

Beispiel: _____

Es gelten die gleichen Daten wie oben, aber vom 15.11. bis 15.12.2017 wurde Krankengeld bezogen.

Ergebnis: In diesem Fall verlängert sich die Schutzfrist nach der Entbindung nur um den Zeitraum vom 16.12. bis 27.12.2017, also um zwölf Tage bis zum 15.04.2018. Für die Zeit vom 28.11. bis 15.12.2017 (= 18 Tage) wird das Krankengeld zurückgefordert und Mutterschaftsgeld nachgezahlt.

Nach § 3 Abs. 4 MuSchG darf der Arbeitgeber eine Frau nach dem Tod ihres Kindes bereits nach Ablauf der ersten zwei Wochen nach der Entbindung beschäftigen, wenn

- die Frau dies ausdrücklich verlangt und

- nach ärztlichem Zeugnis nichts dagegen spricht.

1

Sie kann ihre Erklärung jederzeit, allerdings nur mit Wirkung für die Zukunft, widerrufen.

Mehrarbeit

Nach § 4 Abs. 1 MuSchG darf der Arbeitgeber eine schwangere oder stillende Frau, die 18 Jahre oder älter ist, nicht mit einer Arbeit beschäftigen, die die Frau über achteinhalb Stunden täglich oder über 90 Stunden in der Doppelwoche hinaus zu leisten hat.

Eine schwangere oder stillende Frau unter 18 Jahren darf der Arbeitgeber nicht mit einer Arbeit beschäftigen, die die Frau über acht Stunden täglich oder über 80 Stunden in der Doppelwoche zu leisten hat.

In die Doppelwoche werden jeweils die Sonntage eingerechnet.

Wichtig: Bei mehreren Arbeitgebern sind die Arbeitszeiten zusammenzurechnen.

Im Übrigen darf der Arbeitgeber eine schwangere oder stillende Frau nicht in einem Umfang beschäftigen, der die vertraglich vereinbarte wöchentliche Arbeitszeit im Durchschnitt des Monats übersteigt.

Nach § 29 Abs. 3 MuSchG kann die zuständige Aufsichtsbehörde in besonders begründeten Einzelfällen Ausnahmen vom Verbot der Mehrarbeit nach § 4 Abs. 1 MuSchG bewilligen, wenn

- sich die Frau dazu ausdrücklich bereit erklärt,

- nach ärztlichem Zeugnis nichts gegen die Beschäftigung spricht (vgl. dazu die Ausführungen im Abschnitt „Aufsichtsbehörden" in Kapitel 4).

Ruhezeit

Nach § 4 Abs. 2 MuSchG muss der Arbeitgeber der schwangeren oder stillenden Frau nach Beendigung der täglichen Arbeitszeit eine ununterbrochene Ruhezeit von mindestens elf Stunden gewähren. Danach finden etwaige Ausnahmen nach § 5 Abs. 2 und 3 Arbeitszeitgesetz (ArbZG) bei schwangeren und stillenden Frauen keine Anwendung.

Nachtarbeit

§ 5 MuSchG beschäftigt sich mit dem Verbot der Nachtarbeit. Diese Regelung dient (genau wie die Vorschrift des § 4 Abs. 1 MuSchG über die Mehrarbeit; vgl. dazu die obigen Ausführungen) dem Gesundheitsschutz der schwangeren und stillenden Frau sowie ihres Kindes und stärkt ihre Rechte. Wie aus der Gesetzesbegründung hervorgeht, sollen schwangere und stillende Frauen vor arbeitsbedingten Überlastungen, die die Gesundheit der Frau oder des Kindes gefährden können, geschützt werden.

Dabei können betriebliche Erfordernisse grundsätzlich keine Erhöhung des Gefährdungspotenzials rechtfertigen. Insbesondere hat der Arbeitgeber die Arbeitsbedingungen und Tätigkeiten daraufhin zu prüfen, ob sie für die schwangere oder stillende Frau sowie für ihr Kind verantwortbar sind (konkretisierte Beurteilung der Arbeitsbedingungen nach § 9 Abs. 2 MuSchG). Im Übrigen gelten auch die allgemeinen Vorschriften zum betrieblichen Gesundheitsschutz (vgl. Art. 1 Abs. 4 Arbeitszeitrichtlinie).

Die Regelung des § 5 MuSchG dient der Umsetzung von Art. 7 der Mutterschutz-Richtlinie (92/85/ EWG). Danach darf eine schwangere oder stillende Frau nicht zur Nachtarbeit verpflichtet werden. Nach Art. 2 Nr. 3 der Arbeitszeitrichtlinie (2003/88/EG) ist Nachtzeit jede in den Einzelstaaten der EU festgelegte Zeitspanne von mindestens sieben Stunden. Diese Spanne umfasst auf jeden Fall die Zeit zwischen 24 Uhr und 5 Uhr. In § 2 Abs. 3 ArbZG ist die Nachtzeit für die Zeit zwischen 23 und 6 Uhr definiert. Durch Tarifvertrag kann der Beginn der Nachtzeit auf die Zeit zwischen 22 Uhr und 24 Uhr festgelegt werden.

Wichtig: Auf den Umfang der Nachtarbeit kommt es hingegen nicht an. Schließlich ist jede Arbeit zu Nachtzeiten gegen den Willen der schwangeren oder stillenden Frau unzulässig.

Nach § 5 Abs. 1 Satz 2 MuSchG darf der Arbeitgeber die Frau bis 22 Uhr beschäftigen, wenn die Voraussetzungen des § 28 MuSchG erfüllt sind.

1

§ 28 MuSchG sieht das behördliche Genehmigungsverfahren für eine Beschäftigung zwischen 20 Uhr und 22 Uhr vor.

Auf Antrag des Arbeitgebers kann die Aufsichtsbehörde nämlich genehmigen, dass eine schwangere und stillende Frau zwischen 20 Uhr und 22 Uhr beschäftigt wird. Voraussetzung ist, dass

- sich die Frau dazu ausdrücklich bereit erklärt,

- nach ärztlichem Zeugnis nichts gegen die Beschäftigung der Frau bis 22 Uhr spricht und

- insbesondere eine unverantwortbare Gefährdung für die schwangere Frau oder ihr Kind durch Alleinarbeit ausgeschlossen ist.

Dem Antrag des Arbeitgebers ist die Dokumentation der Beurteilung der Arbeitsbedingungen nach § 14 Abs. 1 MuSchG beizufügen (vgl. dazu die Ausführungen im Abschnitt „Betrieblicher Gesundheitsschutz" in diesem Kapitel).

Die vorstehend erwähnte Bereiterklärung der schwangeren oder stillenden Frau kann jederzeit mit Wirkung für die Zukunft widerrufen werden.

Solange die Aufsichtsbehörde den Antrag nicht ablehnt oder die Beschäftigung zwischen 20 Uhr und 22 Uhr nicht vorläufig untersagt, darf der Arbeitgeber die Frau unter den drei oben genannten Voraussetzungen beschäftigen (§ 28 Abs. 2 MuSchG).

Die Aufsichtsbehörde hat dem Arbeitgeber nach Eingang des Antrags unverzüglich eine Mitteilung zu machen, wenn die für den Antrag erforderlichen Unterlagen unvollständig sind. Sie kann die Beschäftigung vorläufig untersagen, soweit dies erforderlich ist, um den Schutz der Gesundheit der Frau oder ihres Kindes sicherzustellen.

Wichtig: Lehnt die Aufsichtsbehörde den Antrag nicht innerhalb von sechs Wochen nach Eingang des vollständigen Antrags ab, gilt die Genehmigung als erteilt. Auf Verlangen ist dem Arbeitgeber der Eintritt der Genehmigungsfiktion zu bescheinigen.

§ 5 Abs. 2 MuSchG enthält bezüglich von Schülerinnen und Studentinnen besondere Regelungen bezüglich des Nachtarbeitsverbotes. Danach darf die Ausbildungsstelle eine schwangere oder stillende Frau nicht zwischen 20 Uhr und 6 Uhr im Rahmen der schulischen oder hochschulischen Ausbildung tätig werden lassen. Die Ausbildungsstelle darf sie allerdings an Ausbildungsveranstaltungen bis 22 Uhr teilnehmen lassen, wenn

- sich die Frau dazu ausdrücklich bereit erklärt,

- die Teilnahme zu Ausbildungszwecken zu dieser Zeit erforderlich ist und

- insbesondere eine unverantwortbare Gefährdung für die schwangere Frau oder ihr Kind durch Alleinarbeit ausgeschlossen ist.

Die vorstehende Erklärung der schwangeren oder stillenden Frau kann durch diese jederzeit mit Wirkung für die Zukunft widerrufen werden.

Die nach § 5 Abs. 2 MuSchG mögliche Beschäftigung kann aber durch die Aufsichtsbehörde verboten werden (§ 29 Abs. 3 Nr. 2 Buchst. a MuSchG).

Sonn- und Feiertagsarbeit

§ 6 MuSchG beschäftigt sich mit dem Verbot der Sonn- und Feiertagsarbeit.

In Abs. 1 Satz 1 dieser Vorschrift wird dem Arbeitgeber grundsätzlich untersagt, eine schwangere oder stillende Frau an Sonn- und Feiertagen zu beschäftigen.

Satz 2 des § 6 Abs. 1 MuSchG sieht hiervon aber Ausnahmen vor. Danach darf der Arbeitgeber eine schwangere oder stillende Frau an Sonn- oder Feiertagen nur dann beschäftigen, wenn

- sich die Frau dazu ausdrücklich bereit erklärt,

- eine Ausnahme vom allgemeinen Verbot der Arbeit an Sonn- und Feiertagen nach § 10 ArbZG zugelassen ist (Ausnahmen siehe gleich)

- der Frau in jeder Woche im Anschluss an eine ununterbrochene Nachtruhezeit von mindestens elf Stunden ein Ersatzruhetag gewährt wird und

1

- insbesondere eine unverantwortbare Gefährdung für die schwangere Frau oder ihr Kind durch Alleinarbeit ausgeschlossen ist.

Die schwangere oder stillende Frau kann ihre Erklärung jederzeit mit Wirkung für die Zukunft widerrufen.

Ausnahmen vom allgemeinen Arbeitsverbot an Sonn- und Feiertagen: § 10 Abs. 1 ArbZG bestimmt, dass Arbeiten, die nicht an Werktagen vorgenommen können, Arbeitnehmer an Sonn- und Feiertagen ausführen dürfen. Diese Ausnahmeregel enthält 16 Punkte:

1. in Not- und Rettungsdiensten sowie bei der Feuerwehr,

2. zur Aufrechterhaltung der öffentlichen Sicherheit und Ordnung (Polizei) sowie der Funktionsfähigkeit von Gerichten und Behörden und für Zwecke der Verteidigung,

3. in Krankenhäusern und anderen Einrichtungen zur Behandlung, Pflege und Betreuung von Personen,

4. in Gaststätten und anderen Einrichtungen zur Bewirtung und Beherbergung (z. B. Hotels) sowie im Haushalt,

5. bei Musikaufführungen, Theatervorstellungen, Filmvorführungen, Schaustellungen, Darbietungen und anderen ähnlichen Veranstaltungen,

6. bei nichtgewerblichen Aktionen und Veranstaltungen der Kirchen, Religionsgesellschaften, Verbände, Vereine, Parteien und anderer ähnlicher Vereinigungen,

7. beim Sport und in Freizeit-, Erholungs- und Vergnügungseinrichtungen, beim Fremdenverkehr sowie in Museen und wissenschaftlichen Präsenzbibliotheken,

1

8. beim Rundfunk, bei der Tages- und Sportpresse, bei Nachrichtenagenturen sowie bei den der Tagesaktualität dienenden Tätigkeiten für andere Presseerzeugnisse einschließlich des Austragens, bei der Herstellung von Satz, Filmen und Druckformen für tagesaktuelle Nachrichten und Bilder, bei tagesaktuellen Aufnahmen auf Ton- und Bildträger sowie beim Transport und Kommissionieren von Presseerzeugnissen, deren Ersterscheinungstag am Montag oder am Tag nach einem Feiertag liegt,

9. bei Messen, Ausstellungen und Märkten im Sinne des Titels IV der Gewerbeordnung sowie bei Volksfesten,

10. in Verkehrsbetrieben sowie beim Transport und Kommissionieren von leichtverderblichen Waren im Sinne des § 30 Abs. 3 Nr. 2 der Straßenverkehrsordnung,

11. in den Energie- und Wasserversorgungsbetrieben sowie in Abfall- und Abwasserentsorgungsbetrieben,

12. in der Landwirtschaft und in der Tierhaltung sowie in Einrichtungen zur Behandlung und Pflege von Tieren,

13. im Bewachungsgewerbe und bei der Bewachung von Betriebsanlagen,

14. bei der Reinigung und Instandhaltung von Betriebseinrichtungen, soweit hierdurch der regelmäßige Fortgang der eigenen oder eines fremden Betriebs bedingt ist, bei der Vorbereitung der Wiederaufnahme des vollen werktägigen Betriebs sowie bei der Aufrechterhaltung der Funktionsfähigkeit von Datennetzen und Rechnersystemen,

15. zur Verhütung des Verderbens von Naturerzeugnissen oder Rohstoffen oder des Misslingens von Arbeitsergebnissen sowie bei kontinuierlich durchzuführenden Forschungsarbeiten,

16. zur Vermeidung einer Zerstörung oder erheblichen Beschädigung der Produktionseinrichtungen.

Sofern die Arbeiten nicht an Werktagen vorgenommen werden können, dürfen auch Arbeitnehmer zur Durchführung des Eil- und Großbetragszahlungsverkehrs und des Geld-, Devisen-, Wertpapier- und Devisenhandels an den auf einen Werktag fallenden

Feiertag beschäftigt werden, die nicht in allen Mitgliedstaaten der EU Feiertage sind (§ 10 Abs. 4 ArbZG).

Die zuständige Aufsichtsbehörde kann die in § 6 Abs. 1 Satz 2 MuSchG vorgesehene Beschäftigung verbieten (§ 29 Abs. 3 Nr. 2 Buchst. b MuSchG).

1

Schülerinnen und Studentinnen fallen nicht unter den persönlichen Anwendungsbereich des ArbZG. Für sie gelten die Regelungen des ArbZG daher entsprechend. Wenn eine Praktikantin beispielsweise ein Praktikum im Rettungsdienst macht, darf sie während der Schwangerschaft unter den gleichen Voraussetzungen wie sonstige schwangere Frauen eingesetzt werden. Zu beachten ist hier aber § 6 Abs. 2 MuSchG. Danach darf die Ausbildungsstelle eine schwangere oder stillende Frau nicht an Sonn- und Feiertagen im Rahmen der schulischen oder hochschulischen Ausbildung tätig werden lassen. Allerdings darf die Ausbildungsstelle sie an Ausbildungsveranstaltungen an Sonn- und Feiertagen teilnehmen lassen, wenn

- sich die Frau dazu ausdrücklich bereit erklärt,

- die Teilnahme zu Ausbildungszwecken zu dieser Zeit erforderlich ist,

- der Frau in jeder Woche im Anschluss an eine ununterbrochene Nachtruhezeit von mindestens elf Stunden ein Ersatzruhetag gewährt wird und

- insbesondere eine unverantwortbare Gefährdung für die schwangere Frau oder ihr Kind durch Alleinarbeit ausgeschlossen ist.

Der Frau soll also die Möglichkeit gegeben werden, im Rahmen von Ausbildungsveranstaltungen tätig zu werden. Dadurch kann sie bezüglich der im besonderen Maße erforderlichen Ruhepausen mitbestimmen. Nach der in der Gesetzesbegründung vertretenen Auffassung dient dies der Prävention, da so auch im Vorfeld von gesundheitlich manifesten Beeinträchtigungen die schwangere oder stillende Frau für sich und ihr Kind eine regelmäßige Regenerationsphase am Wochenende sicherstellen kann.

Die zuständige Aufsichtsbehörde kann dem Arbeitgeber eine solche Beschäftigung aber verbieten (§ 29 Abs. 3 Nr. 2 Buchst. b MuSchG).

1 Freistellung für Untersuchungen

Nach § 7 Abs. 1 MuSchG hat der Arbeitgeber eine Frau für die Zeit freizustellen, die zur Durchführung der Untersuchungen im Rahmen der Leistungen der gesetzlichen Krankenversicherung bei Schwangerschaft und Mutterschaft erforderlich sind. Entsprechend gilt dies zugunsten einer Frau, die nicht in der gesetzlichen Krankenversicherung versichert ist.

Die Zeit der Freistellung umfasst dabei nicht nur die Zeit für die Untersuchungen, sondern beispielsweise auch Wegezeiten der Frau.

Die Regelung des § 7 Abs. 1 MuSchG gilt auch für Frauen nach der Entbindung, die nach der Geburt nicht stillen.

In der Gesetzesbegründung wird darauf hingewiesen, dass die Freistellung alle Untersuchungen, ärztliche Betreuung und Hebammenhilfe umfasst, auf die die Frau nach § 24d SGB V während der Schwangerschaft, bei und nach der Entbindung Anspruch hat. Vgl. bezüglich weiterer Einzelheiten die Ausführungen im Abschnitt „Mutterschaftsgeld" im Kapitel 3.

Nach § 23 Abs. 1 MuSchG darf durch die Gewährung der Freistellung für Untersuchungen bei der schwangeren oder stillenden Frau kein Entgeltausfall eintreten.

Wichtig: Freistellungszeiten sind weder vor- noch nachzuarbeiten Sie werden nicht auf Ruhepausen angerechnet, die im ArbZG oder in anderen Vorschriften festgelegt sind.

Stillzeiten

Über die Freistellung zum Stillen bestimmt § 7 Abs. 2 MuSchG. Danach hat der Arbeitgeber eine stillende Frau auf ihr Verlangen während der ersten zwölf Monate nach der Entbindung für die zum Stillen erforderliche Zeit freizustellen. Mindestens hat dies zweimal täglich für eine halbe Stunde oder einmal täglich für eine Stunde zu geschehen. Bei einer zusammenhängenden Arbeitszeit von mehr als acht Stunden soll auf Verlangen der Frau zweimal eine Stillzeit von mindestens 45 Minuten oder, wenn in der Nähe der Arbeitsstätte keine Stillgelegenheit vorhanden ist, einmal eine Stillzeit von mindestens 90 Minuten gewährt werden. Die Arbeitszeit gilt als zusammenhängend, wenn sie nicht durch eine Ruhepause von mehr als zwei Stunden unterbrochen wird.

1

Im Gegensatz zum bis zum 31.12.2017 maßgebenden Recht schränkt § 7 Abs. 2 MuSchG die Freistellung zum Stillen auf die ersten zwölf Monate nach der Entbindung ein. Nach der in der Gesetzesbegründung vertretenen Auffassung ist die Festlegung einer zeitlichen Obergrenze für die bezahlte Freistelung für Stillzeiten klarstellend erforderlich, damit ein Interessenausgleich zwischen den Belangen des Arbeitgebers und den Belangen der Frau sichergestellt ist.

Die Vorschrift des § 7 Abs. 2 MuSchG gibt stillenden Müttern, die nach der Entbindung in das Erwerbsleben zurückkehren, für die Zeit des Stillens einen bezahlten Anspruch auf Freistellung von der Arbeit gegenüber dem Arbeitgeber. Damit wird die Ernährung des Säuglings mit Muttermilch gefördert, was nach der Gesetzesbegründung aus ernährungsphysiologischer und immunologischer Sicht in der Regel jeder anderen Ernährungsweise des Säuglings in den ersten zwölf Monaten vorzuziehen ist.

§ 23 Abs. 1 MuSchG bestimmt, dass durch die Gewährung der Freistellung zum Stillen bei der stillenden Frau ein Entgeltausfall eintreten darf. Wie bei der Freistellung für Untersuchungen (vgl. die obigen Ausführungen) sind Freistellungszeiten weder vor- noch nachzuarbeiten. Sie werden nicht auf Ruhepausen angerechnet, die im ArbZG oder in anderen Vorschriften festgelegt sind.

Die zuständige Aufsichtsbehörde kann nach § 29 Abs. 3 Nr. 3 MuSchG Einzelheiten zur Freistellung zum Stillen nach § 7 Abs. 2 MuSchG und zur Bereithaltung von Räumlichkeiten, die zum Stillen geeignet sind, anordnen.

Heimarbeit

Mit der Beschränkung von Heimarbeit an schwangere oder stillende Frauen beschäftigt sich § 8 MuSchG.

1

Nach § 8 Abs. 1 MuSchG darf der Auftraggeber oder Zwischenmeister Heimarbeit an eine schwangere in Heimarbeit beschäftigte Frau oder eine ihr Gleichgestellte nur in solchem Umfang und mit solchen Fertigungsfristen ausgeben, dass die Arbeit werktags während einer achtstündigen Tagesarbeitszeit ausgeführt werden kann. Absatz 2 des § 8 MuSchG beschäftigt sich mit stillenden in Heimarbeit beschäftigten Frauen oder ihr Gleichgestellten. Hier darf die Arbeit nur in solchem Umfang und mit solchen Fertigungsfristen ausgegeben werden, dass die Arbeit werktags während einer siebenstündigen Tagesarbeitszeit ausgeführt werden kann.

Mit der Entgeltgewährung bei Freistellung von Heimarbeiterinnen oder ihnen Gleichgestellten beschäftigt sich § 23 Abs. 2 MuSchG.

Danach hat der Auftraggeber oder Zwischenmeister einer in Heimarbeit beschäftigten Frau und der ihr Gleichgestellten für die Stillzeit ein Entgelt zu zahlen, das nach der Höhe des durchschnittlichen Stundenentgelts für jeden Werktag zu berechnen ist. Ist eine Frau für mehrere Auftraggeber oder Zwischenmeister tätig, haben diese das Entgelt für die Stillzeit zu gleichen Teilen zu zahlen. Auf das Entgelt finden die Vorschriften der §§ 23 bis 25 des Heimarbeitergesetzes (HAG) über den Entgeltschutz Anwendung.

Nach § 29 Abs. 3 Nr. 4 MuSchG kann die zuständige Aufsichtsbehörde Einzelheiten zur zulässigen Arbeitsmenge nach § 8 MuSchG anordnen.

Zusammenfassung: Schutzzeiten vor und nach der Entbindung

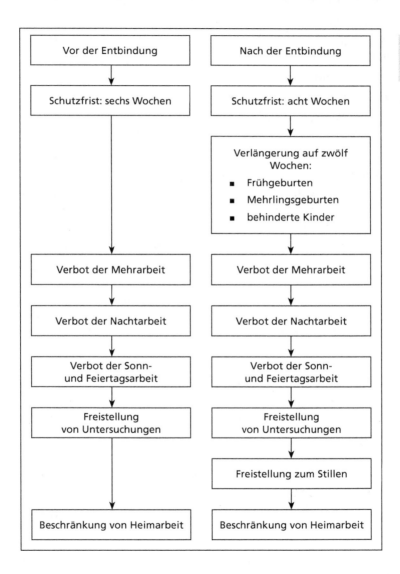

Betrieblicher Gesundheitsschutz

Grundsätze

Das neue MuSchG regelt den betrieblichen Gesundheitsschutz in den §§ 9 bis 15.

1

Es geht dabei um

- Arbeitsbedingungen und ihre Beurteilung,
- unverantwortbare Gefährdung,
- Schutzmaßnahmen,
- unzulässige Tätigkeiten für schwangere sowie für stillende Frauen,
- Rangfolge der Schutzmaßnahmen sowie Umgestaltung der Arbeitsbedingungen einschl. Arbeitsplatzwechsel und betriebliches Beschäftigungsverbot,
- Dokumentation und Information durch den Arbeitgeber,
- Mitteilungen und Nachweise der schwangeren und stillenden Frauen.

Dabei enthält § 9 MuSchG die für den betrieblichen Gesundheitsschutz grundlegenden Regelungen. Absatz 1 dieser Vorschrift regelt die grundlegenden Zielsetzungen des betrieblichen Gesundheitsschutzes.

Gestaltung der Arbeitsbedingungen

Der Arbeitgeber hat bei der Gestaltung der Arbeitsbedingungen einer schwangeren oder stillenden Frau alle aufgrund der Gefährungsbeurteilung (§ 10 MuSchG) erforderlichen Maßnahmen für den Schutz ihrer physischen und psychischen Gesundheit sowie der ihres Kindes zu treffen. Er hat die Maßnahmen auf ihre Wirksamkeit zu überprüfen und erforderlichenfalls den sich ändernden Gegebenheiten anzupassen (§ 9 Abs. 1 MuSchG).

Soweit es nach den Vorschriften des MuSchG verantwortbar ist, ist die Frau auch während der Schwangerschaft, nach der Entbindung und in der Stillzeit die Fortführung ihrer Tätigkeiten zu ermöglichen. Nachteile aufgrund der Schwangerschaft, der Entbindung oder der Stillzeit werden vermieden oder ausgeglichen. Für Schülerinnen und Studentinnen bedeutet die erwähnte Vorschrift, dass alle Maßnahmen ergriffen werden müssen, um ihnen eine Teilnahme am Studium bzw. am Schulunterricht zu ermöglichen, soweit dies unter Beachtung der mutterschutzrechtlichen Vorgaben verantwortlich möglich ist.

1

Der Arbeitgeber hat im Übrigen sicherzustellen, dass die schwangere oder stillende Frau ihre Tätigkeit am Arbeitsplatz, soweit es für sie erforderlich ist, kurz unterbrechen kann. Er hat darüber hinaus sicherzusellen, dass sich die schwangere oder stillende Frau während der Pausen und Arbeitsunterbrechungen unter geeigneten Bedingungen hinlegen, hinsetzen und ausruhen kann.

Unverantwortbare Gefährdung

§ 9 Abs. 2 MuSchG schreibt dem Arbeitgeber vor, die Arbeitsbedingungen so zu gestalten, dass Gefährdungen einer schwangeren oder stillenden Frau oder ihres Kindes möglichst vermieden werden und eine unverantwortbare Gefährdung ausgeschlossen wird. Dabei ist eine Gefährdung unverantwortbar, wenn

- die Eintrittswahrscheinlichkeit einer Gesundheitsbeeinträchtigung

  angesichts

- der zu erwartenden Schwere des möglichen Gesundheitsschadens

nicht hinnehmbar ist.

Der Begriff der unverantwortbaren Gefährdung stellt eine qualifizierte Form der Gefährdung dar.

Es ist bei der Bestimmung abzuwägen zwischen der Eintrittswahrscheinlichkeit und einem möglichen Gesundheitsschaden (sog. Ermittlung der Gefährdungsschwelle). Eine unverantwortbare Gefährdung gilt dabei nach § 9 Abs. 2 Satz 2 MuSchG als ausgeschlossen, wenn der Arbeitgeber alle Vorgaben einhält, die aller Wahrscheinlichkeit nach dazu führen, dass die Gesundheit einer schwangeren oder stillenden Frau oder ihres Kindes nicht beeinträchtigt wird.

1

Mit der Formulierung von § 9 Abs. 2 MuSchG wird damit zum 01.01.2018 die Gefährdung als zentraler Begriff im betrieblichen Gesundheitsschutz des Mutterschutzrechts eingeführt. Dabei bezeichnet der Begriff „Gefährdung" – im Unterschied zum Rechtsbegriff der „Gefahr" – die Möglichkeit eines Schadens oder einer gesundheitlichen Beeinträchtigung ohne bestimmte Anforderungen an ihr Ausmaß oder ihre Eintrittswahrscheinlichkeit. Die Gesetzesbegründung verweist hier auf das Urteil des BAG vom 12.08.2008 (Az.: 9 AZR 1117/06). Dieser aus dem Arbeitsschutz bekannte Gefährdungsbegriff gilt grundsätzlich auch im Mutterschutzrecht. Entsprechend muss der Arbeitgeber im Rahmen der mutterschutzrechtlichen Beurteilung der Arbeitsbedingungen prüfen, ob und welche Gefährdungen der schwangeren oder stillenden Frau oder ihres (ungeborenen) Kindes in diesem Sinne vorliegen könnten und diese dann entsprechend werten. Nach der Rechtsprechung gilt, dass die Wahrscheinlichkeit des Schadenseintritts umso größer sein muss, je geringer der möglicherweise eintretende Schaden ist, und sie umso kleiner ist, je schwerer der etwaige Schaden wiegt.

Danach setzt unter Berücksichtigung der mutterschutzrechtlichen Zielsetzung und in systematischer Zusammenschau mit den arbeitsschutzrechtlichen Regelungen die „Gefährdung" einer schwangeren oder stillenden Frau oder dem Kind Folgendes voraus:

1. Zunächst muss die Möglichkeit bestehen, dass die festgestellten Schadfaktoren die schwangere oder stillende Frau bzw. das ungeborene oder zu stillende Kind **gesundheitlich beeinträchtigen** bzw. beeinträchtigen können.

   Bei der Prüfung eine Gefährdung sind damit auch Schadfaktoren zu berücksichtigen, die nur möglicherweise eine gesundheitliche Beeinträchtigung herbeiführen können oder denen die Frau nur möglicherweise ausgesetzt ist oder mit denen sie in Kontakt kommt (vgl. § 10 Absatz 1 Satz 1 oder Absatz 2 Satz 1 MuSchG).

   Zudem können nach den Maßgaben des Gesetzes grundsätzlich auch Arbeitsbedingungen, die nach dem Stand der Wissenschaft lediglich in Verdacht stehen, gesundheitliche

Beeinträchtigungen hervorzurufen, eine Gefährdung darstellen (wie etwa Verdachtsstoffe im Sinne von § 10 Absatz 1 Satz 2 MuSchG).

2. Des Weiteren setzt der Begriff der Gefährdung einen **hinreichenden Bezug zur ausgeübten Tätigkeit** und zu den mit ihr verbundenen Arbeitsbedingungen voraus.

Dieser Bezug muss nicht notwendigerweise im Sinne einer Kausalität begründet sein. Vielmehr genügt es, dass eine im Vergleich zu Frauen, die den betreffenden Arbeitsbedingungen nicht ausgesetzt sind, signifikant erhöhte Wahrscheinlichkeit besteht, dass eine gesundheitliche Beeinträchtigung eintritt (z. B. bei einer Lärmbelastung am Arbeitsplatz).

Der erforderliche Bezug zur Beschäftigung ist nicht gegeben, wenn die Gefährdung außerhalb des Arbeitsumfeldes in gleicher Weise besteht. Dementsprechend löst beispielsweise die Möglichkeit, dass die Frau an einer Grippe erkrankt, keine mutterschutzrechtlichen Maßnahmen aus, soweit die Erkrankungswahrscheinlichkeit am Arbeitsplatz gegenüber der Erkrankungswahrscheinlichkeit außerhalb des Arbeitsumfeldes nicht erhöht ist. In diesen Fällen stellt sich die Gefährdung als allgemeines Lebensrisiko dar, deren Vermeidung grundsätzlich außerhalb der Verantwortlichkeit des Arbeitgebers liegt.

3. Schließlich muss die Gefährdung **einen Bezug zur Schwangerschaft oder zur Stillzeit** aufweisen.

Dieser Bezug ist dann gegeben, wenn die Gesundheit der Frau mutterschutzspezifisch während der Schwangerschaft oder des Stillens oder die Gesundheit des (ungeborenen) Kindes beeinträchtigt werden könnte. Eine wissenschaftlich nachgewiesene Kausalität zwischen den Arbeitsbedingungen und der jeweiligen gesundheitlichen Beeinträchtigung ist dazu nicht erforderlich.

Die mutterschutzspezifische gesundheitliche Beeinträchtigung der Frau kann sich aus einer signifikant erhöhten Wahrscheinlichkeit des Eintritts einer gesundheitlichen Beeinträchtigung bei schwangeren oder stillenden Frauen ergeben (z. B. erhöhte Thrombosewahrscheinlichkeit bei langem Stehen infolge der schwangerschaftsbedingt veränderten Blutgerinnung) oder aber auch daraus, dass die etwaige Erkrankung nach Art, Ausmaß und Dauer während der Schwangerschaft oder in der Stillzeit besonders schwerwiegende Auswirkungen hat (z. B. besonders schwerer Verlauf einer Leberentzündung vom Typ Hepatitis E infolge des veränderten Immunstatus der Frau in der Schwangerschaft).

Soweit kein besonderer Bezug gegeben ist (etwa bei der Gefährdung, sich die Hand zu klemmen), bedarf es auch keines besonderen Schutzes durch das Mutterschutzrecht; wie für die übrigen nicht schwangeren Frauen gelten die Vorschriften des ArbSchG.

Unverantwortbare Gefährdungen müssen wirkungsvoll ausgeschlossen werden

Alle entsprechenden Maßnahmen des Arbeitgebers müssen dem Stand der Technik, der Arbeitsmedizin und der Hygiene sowie den sonstigen gesicherten wissenschaftlichen Erkenntnissen entsprechen. Der Arbeitgeber hat bei seinen Maßnahmen die vom Ausschuss für Mutterschutz ermittelten und im Gemeinsamen Ministerialblatt veröffentlichten Regeln und Erkenntnisse zu berücksichtigen. Bei Einhaltung dieser Regeln und bei Beachtung dieser Erkenntnisse ist davon auszugehen, dass die im MuSchG gestellten Anforderungen erfüllt sind.

Der Arbeitgeber kann zuverlässige und fachkundige Personen schriftlich damit beauftragen, ihm obliegende Aufgaben in eigener Verantwortung wahrzunehmen.

Wichtig: Kosten für Maßnahmen nach dem MuSchG darf der Arbeitgeber nicht den Personen auferlegen, die bei ihm beschäftigt sind. Die Kosten für Zeugnisse und Bescheinigungen, die die schwangere oder stillende Frau auf Verlangen des Arbeitgebers vorzulegen hat, trägt der Arbeitgeber.

Die zuständige Aufsichtsbehörde kann nach § 29 Abs. 3 Nr. 5 MuSchG Schutzmaßnahmen nach § 9 Abs. 1 bis 3 MuSchG anordnen.

Beurteilung der Arbeitsbedingungen

Nach § 10 MuSchG hat der Arbeitgeber im Rahmen der Beurteilung der Arbeitsbedingungen nach § 5 des Arbeitsschutzgesetzes für jede Tätigkeit

- die Gefährdungen nach Art, Ausmaß und Dauer zu beurteilen, denen eine schwangere oder stillende Frau oder ihr Kind ausgesetzt ist oder sein kann, und

- unter Berücksichtigung des Ergebnisses der Beurteilung der Gefährdung zu ermitteln, ob für eine schwangere oder stillende Frau oder ihr Kind voraussichtlich

  - keine Schutzmaßnahmen erforderlich sein werden,

  - eine Umgestaltung der Arbeitsbedingungen erforderlich sein wird oder

Bei gleichartigen Arbeitsbedingungen ist die Beurteilung eines Arbeitsplatzes oder einer Tätigkeit ausreichend.

Sobald eine Frau dem Arbeitgeber mitgeteilt hat, dass sie schwanger ist oder stillt (vgl. dazu die noch folgenden Ausführungen), hat der Arbeitgeber unverzüglich die nach Maßgabe der Gefährdungsbeurteilung erforderlichen Schutzmaßnahmen festzulegen. Zusätzlich hat der Arbeitgeber der Frau ein Gespräch über weitere Anpassungen ihrer Arbeitsbedingungen anzubieten.

Der Arbeitgeber darf eine schwangere oder stillende Frau nur diejenigen Tätigkeiten ausüben lassen, für die er die erforderlichen Schutzmaßnahmen getroffen hat.

Die Aufsichtsbehörde kann nach § 29 Abs. 3 Nr. 6 MuSchG Einzelheiten zu Art und Umfang der Beurteilung der Arbeitsbedingungen nach § 10 MuSchG anordnen (vgl. dazu die Ausführungen im Abschnitt „Aufsichtsbehörden" im Kapitel 4).

Unzulässige Tätigkeiten und Arbeitsbedingungen während der Schwangerschaft

Nach § 11 Abs. 1 MuSchG darf der Arbeitgeber eine schwangere Frau keine Tätigkeiten ausüben lassen und sie keinen Arbeitsbedingungen aussetzen, bei denen sie in einem Maß Gefähr-

1

dungen ausgesetzt sein kann oder ausgesetzt ist, dass dies für sie oder für ihr Kind eine unverantwortbare Gefährdung darstellt.

Der Gesetzgeber nimmt für bestimmte Risiken von Gesetzes wegen eine unverantwortbare Gefährdung an:

Eine unverantwortbare Gefährdung liegt insbesondere dann vor, wenn die schwangere Frau Tätigkeiten ausübt oder Arbeitsbedingungen ausgesetzt ist, bei denen sie bestimmten Gefahrstoffen ausgesetzt ist oder sein kann.

Es handelt sich dabei um Gefahrstoffe, die in einer Verordnung der EU aufgeführt sind (z. B. als reproduktionstechnisch, keimzellmutagen, als karzinogen usw.). Aufgeführt werden hier Gefahrstoffe, die als Stoffe ausgewiesen sind, die auch bei Einhaltung der arbeitsplatzbezogenen Schutzmaßnahmen möglicherweise zu einer Fruchtschädigung führen können.

Gefahrstoffe im Sinne einer unverantwortbaren Gefährdung liegen auch bei Blei und Bleiderivaten vor, soweit die Gefahr besteht, dass diese Stoffe vom menschlichen Körper aufgenommen werden. Bestimmte Biostoffe werden hier ebenfalls angesprochen.

Der Arbeitgeber darf eine schwangere Frau keine Tätigkeiten ausüben lassen und sie keinen Arbeitsbedingungen aussetzen, bei denen sie physikalischen Einwirkungen in einem Maß ausgesetzt ist oder sein kann, dass dies für sie oder für ihr Kind eine unverantwortbare Gefährdung darstellt. Als physikalische Einwirkungen im vorstehenden Sinne sind insbesondere zu berücksichtigen:

- ionisierende und nicht ionisierende Strahlungen,

- Erschütterungen, Vibrationen und Lärm sowie

- Hitze, Kälte und Nässe.

Nach § 11 Abs. 4 MuSchG darf der Arbeitgeber eine schwangere Frau insbesondere keine Tätigkeiten ausüben lassen

- in Räumen mit einem Überdruck im Sinne von § 2 der Druckluftverordnung,

- in Räumen mit sauerstoffreduzierter Atmosphäre oder

- im Bergbau unter Tage.

In § 11 Abs. 5 MuSchG wird bestimmt, dass der Arbeitgeber einer schwangeren Frau keine Tätigkeit ausüben lassen und sie keinen Arbeitsbedingungen aussetzen darf, bei denen sie körperlichen Belastungen oder mechanischen Einwirkungen in einem Maß ausgesetzt ist oder sein kann, dass dies für sie oder für ihr Kind eine unverantwortbare Gefährdung darstellt. Insbesondere darf der Arbeitgeber eine schwangere Frau keine Tätigkeit ausüben lassen, bei denen

1. sie ohne mechanische Hilfsmittel regelmäßig Lasten von mehr als 5 Kilogramm Gewicht oder gelegentlich Lasten von mehr als 10 Kilogramm Gewicht von Hand heben, halten, bewegen oder befördern muss,

2. sie mit mechanischen Hilfsmitteln Lasten von Hand heben, halten, bewegen oder befördern muss und dabei ihre körperliche Beanspruchung der von Arbeiten nach Nr. 1 entspricht,

3. sie nach Ablauf des fünften Monats der Schwangerschaft überwiegend bewegungsarm ständig stehen muss und wenn diese Tätigkeiten täglich vier Stunden überschreiten,

4. sie sich häufig erheblich strecken, beugen, dauernd hocken, sich gebückt halten oder sonstige Zwangshaltungen einnehmen muss,

5. sie auf Beförderungsmitteln eingesetzt wird, wenn dies für sie oder für ihr Kind eine unverantwortbare Gefährdung darstellt,

6. Unfälle, insbesondere durch Ausgleiten, Fallen oder Stürzen, oder Tätigkeiten zu befürchten sind, die für sie oder ihr Kind eine unverantwortbare Gefährdung darstellen,

7. sie eine Schutzausrüstung tragen muss und das Tragen eine Belastung darstellt, oder

8. eine Erhöhung des Drucks im Bauchraum zu befürchten ist, insbesondere bei Tätigkeiten mit besonderer Fußbeanspruchung.

Zu Nr. 3. wird in der Begründung zur seit 01.01.2018 geltenden Neufassung des MuSchG ausgeführt, dass das bewegungsarme Stehen bedeutet, dass weitgehend keine Entlastung durch Gehen oder Stehen möglich ist. Dadurch besteht z. B. die Gefahr einer Thrombose.

1

Zu Nr. 5 wird darauf verwiesen, dass die Beschäftigung auf Beförderungsmitteln nicht generell verboten ist, sondern nur, soweit damit eine unverantwortbare Gefährdung für die schwangere Frau vorhanden ist. Anders als nach der früheren Regelung gilt dies nunmehr jedoch grundsätzlich vom Beginn der Schwangerschaft an. Nach neueren medizinischen Erkenntnissen ist die Gefährdung in den ersten drei Monaten der Schwangerschaft nicht geringer, sondern eher höher.

Zu Nr. 6 ist festzustellen, dass der bisher geregelte Schutz vor Unfallgefahren auf jede Art von Unfallgefahr ausgedehnt ist. Die Regelung erfasst alle Situationen, die zu Unfällen führen können. Allerdings regelt die Vorschrift nur den Schutz vor Unfallgefahren, die für die schwangere Frau oder ihr ungeborenes Kind eine unverantwortbare Gefährdung darstellen. Der Schutz der allgemeinen Unfallgefahren wird durch die §§ 4 und 5 des Arbeitsschutzgesetzes (ArbSchG) gewährleistet.

Darüber hinaus werden nun auch ausdrücklich Tätlichkeiten von Nr. 6 erfasst, die bisher in der Vollzugspraxis als ein spezieller Unterfall des Unfalls behandelt werden. Unter Tätlichkeiten sind Arbeitssituationen zu verstehen, bei denen es beispielsweise aufgrund von Personen- oder Patientenkontakten zu einer Gefahr von tätlichen Angriffen kommen kann, wie z. B. in der Notfallaufnahme eines Krankenhauses (z. B. durch einen alkoholisierten Patienten) oder beim Wach- oder Polizeidienst.

Nach § 11 Abs. 6 MuSchG darf der Arbeitgeber eine schwangere Frau folgende Arbeiten nicht ausüben lassen:

- Akkordarbeiten oder sonstige Arbeiten, bei denen durch ein gesteigertes Arbeitstempo ein höheres Entgelt erzielt werden kann, oder

- Fließarbeit oder getaktete Arbeit mit vorgeschriebenem Arbeitstempo.

Ausnahmen von den Verboten des § 11 Abs. 6 MuSchG kann die zuständige Aufsichtsbehörde nach § 29 Abs. 3 Nr. 8 MuSchG bewilligen. Dabei handelt es sich um Akkordarbeit und Fließarbeit. Voraussetzung ist, dass die Art der Arbeit und das Arbeitstempo keine unverantwortbare Gefährdung für die schwangere Frau oder für ihr Kind darstellen.

Besonderer Schutz während der Stillzeit

1

Nach § 12 Abs. 1 MuSchG darf der Arbeitgeber eine stillende Frau keine Tätigkeiten ausüben lassen und sie keinen Arbeitsbedingungen aussetzen, bei denen sie in einem Maß Gefahrstoffen ausgesetzt ist oder sein kann, dass dies für sie oder für ihr Kind eine unverantwortbare Gefährdung darstellt. Eine unverantwortbare Gefährdung liegt insbesondere dann vor, wenn die stillende Frau Tätigkeiten ausübt oder Arbeitsbedingungen ausgesetzt ist, bei denen sie bestimmten Gefahrstoffen ausgesetzt ist oder sein kann. Es handelt sich dabei um Gefahrsoffe, die nach den Kriterien des Anhangs 1 zur Verordnung (EG) Nr. 1272/2008 als reproduktionstoxisch nach der Zusatzkategorie für Wirkungen auf oder über die Laktation zu bewerten sind. Es geht dabei auch um Blei und Bleidarivaten, soweit die Gefahr besteht, dass diese Stoffe vom menschlichen Körper aufgenommen werden.

Die Regelung des § 12 Abs. 1 MuSchG korrespondiert mit § 11 Abs. 1 MuSchG, der eine entsprechende Regelung für die Zeit der Schwangerschaft trifft (vgl. dazu die obigen Ausführungen).

Die Vorschrift trifft Regelungen, soweit die Beschäftigte und ihr Kind in der Stillzeit eines besonderen Gesundheitsschutzes von Gefährdungen in Zusammenhang mit Gefahrstoffen bedürfen. Die Aufzählung ist nicht abschließend. Im Übrigen wird die Gesundheit der Frau durch die arbeitsschutzrechtlichen Vorgaben geschützt.

Der Arbeitgeber darf eine stillende Frau keine Tätigkeiten ausüben lassen und sie keinen Arbeitsbedingungen aussetzen, bei denen sie in einem Maß mit Biostoffen der Risikogruppe 2, 3 oder 4 im Sinne von § 3 Abs. 1 der Biostoffverordnung in Kontakt kommen kann, dass dies für sie oder ihr Kind eine unverantwortbare Gefährdung darstellt.

Eine unverantwortbare Gefährdung im vorstehenden Sinne liegt insbesondere dann vor, wenn die stillende Frau Tätigkeiten oder Arbeitsbedingungen ausgesetzt ist, bei denen sie mit Biostoffen

1

in Kontakt kommt oder kommen kann, die in die Risikogruppe 4 im Sinne von § 3 Abs. 1 der Biostoffverordnung einzustufen sind. Vorstehendes gilt auch dann, wenn der Kontakt mit Biostoffen therapeutische Maßnahmen erforderlich machen oder machen kann, die selbst eine unverantwortbare Gefährdung darstellen. Allerdings gilt eine unverantwortbare Gefährdung dann als ausgeschlossen, wenn die stillende Frau über einen ausreichenden Immunschutz verfügt.

Nach § 12 Abs. 3 MuSchG darf der Arbeitgeber eine stillende Frau keine Tätigkeiten ausüben lassen und sie keinen Arbeitsbedingungen aussetzen, bei denen sie physikalischen Einwirkungen in einem Maß ausgesetzt ist oder sein kann, dass dies für sie oder ihr Kind eine unverantwortbare Gefährdung darstellt. Als physikalische Einwirkungen in diesem Sinne sind insbesondere ionisierende und nichtionisierende Strahlungen zu berücksichtigen.

§ 12 Abs. 4 MuSchG verbietet es dem Arbeitgeber, eine stillende Frau Tätigkeiten ausüben zu lassen bzw. sie Arbeitsbedingungen auszusetzen, bei denen sie einer belastenden Arbeitsumgebung in einem Maß ausgesetzt ist oder sein kann, dass dies für sie oder ihr Kind eine unverantwortbare Gefährdung darstellt.

Insbesondere darf der Arbeitgeber eine stillende Frau keine Tätigkeiten ausüben lassen,

- in Räumen mit einem Überdruck im Sinne von § 2 der Druckluftverordnung
  oder

- im Bergbau unter Tage.

Nach § 12 Abs. 5 MuSchG darf der Arbeitgeber eine stillende Frau folgende Arbeiten nicht ausüben lassen:

- Akkordarbeit oder sonstige Arbeiten, bei denen durch ein gesteigertes Arbeitstempo ein höheres Entgelt erzielt werden kann,

- Fließarbeit oder getaktete Arbeit mit vorgeschriebenem Arbeitstempo, wenn die Art der Arbeit oder das Arbeitstempo für die stillende Frau oder für ihr Kind eine unverantwortbare Gefährdung darstellt.

Die zuständige Aufsichtsbehörde kann nach § 29 Abs. 3 Nr. 7 MuSchG bestimmte Tätigkeiten oder Arbeitsbedingungen nach § 12 MuSchG verbieten. Außerdem können Ausnahmen von dem Verbot der Akkordarbeit und Fließarbeit nach § 12 Abs. 5 Nr. 1 und 2 MuSchG bewilligt werden. Voraussetzung ist, dass die Art der Arbeit und das Arbeitstempo keine unverantwortbare Gefährdung für die schwangere oder stillende Frau oder für ihr Kind darstellen.

Rangfolge der Schutzmaßnahmen

§ 12 MuSchG trifft nähere Bestimmungen zur Umsetzung der zu ergreifenden Schutzmaßnahmen, insbesondere zu ihrer Rangfolge und dem Zeitpunkt, zu dem sie vorzusehen und umzusetzen sind. Die Vorschrift geht davon aus, dass unverantwortbare Gefährdungen im Sinne von §§ 9, 11 oder 12 MuSchG (also alles im Rahmen des betrieblichen Gesundheitsschutzes) festgestellt werden. Der Arbeitgeber hat in solchen Fällen für jede Tätigkeit einer schwangeren oder stillenden Frau Schutzmaßnahmen zu treffen. Dabei ist eine bestimmte Reihenfolge einzuhalten.

Prüfungsreihenfolge Schutzmaßnahmen

1. Der Arbeitgeber hat die Arbeitsbedingungen für die schwangere oder stillende Frau durch Schutzmaßnahmen umzugestalten.

2. Kann der Arbeitgeber unverantwortbare Gefährdungen für die schwangere oder stillende Frau nicht durch die Umgestaltung der Arbeitsbedingungen ausschließen, oder ist eine Umgestaltung wegen des nachweislich unverhältnismäßigen Aufwandes nicht zumutbar, hat der Arbeitgeber die Frau an einem anderen geeigneten Arbeitsplatz einzusetzen, wenn er einen solchen Arbeitsplatz zur Verfügung stellen kann und dieser Arbeitsplatz der schwangeren oder stillenden Frau zumutbar ist.

3. Kann der Arbeitgeber unverantwortbare Gefährdungen für die schwangere oder stillende Frau weder durch Schutzmaßnahmen noch durch einen Arbeitsplatzwechsel aus-

schließen, darf er die schwangere oder stillende Frau nicht weiter beschäftigen.

1

Mit dieser Rangfolge soll vermieden werden, dass vorschnell ein Beschäftigungsverbot ausgesprochen wird, ohne im Vorfeld andere Maßnahmen geprüft bzw. ausgeschöpft zu haben.

Zu 1 – Umgestaltung der Arbeitsbedingungen: Zunächst hat der Arbeitgeber die Arbeitsbedingungen für die schwangere oder stillende Frau mittels Schutzmaßnahmen nach Maßgabe des § 9 Abs. 2 MuSchG umzugestalten. Durch die Umgestaltung sollen Gefährdungen schwangerer oder stillender Frauen und ihres Kindes möglichst vermieden werden und eine unverantwortbare Gefährdung ausgeschlossen sein.

Zu 2 – Einsatz an einem anderen geeigneten Arbeitsplatz: Die zweite Möglichkeit der in § 13 Abs. 1 MuSchG vorgesehenen Rangfolge beschäftigt sich mit dem Fall, dass der Arbeitgeber durch die Umgestaltung eine unverantwortbare Gefährdung nicht ausschließen kann oder eine Umgestaltung wegen des nachweislich unverhältnismäßigen Aufwandes nicht zumutbar ist.

In einem solchen Fall hat der Arbeitgeber die Frau an einen anderen geeigneten Arbeitsplatz einzusetzen. Voraussetzung ist,

- dass er einen solchen Arbeitsplatz zur Verfügung stellen kann und

- dieser Arbeitsplatz der schwangeren oder stillenden Frau zumutbar ist.

Nach den Ausführungen in der Gesetzesbegründung ist nur bei Unmöglichkeit einer entsprechenden Umgestaltung der Arbeitsbedingungen ein Arbeitsplatzwechsel innerhalb des Betriebs in Betracht zu ziehen. Dabei ist die Unmöglichkeit der Umgestaltung der Arbeitsbedingungen nicht nur bei objektiver Unmöglichkeit, sondern auch bei Unzumutbarkeit wegen eines nachweislich unverhältnismäßigen Aufwandes anzunehmen.

Für die Prüfung, ob Gefährdungen durch einen Arbeitsplatzwechsel vermieden werden können, ist sowohl der Wechsel auf einen freien Arbeitsplatz als auch ein (vorübergehender) Tausch mit einer oder einem anderen Beschäftigten in Betracht zu ziehen. Ein Wechsel kommt dabei grundsätzlich – unter Berücksichtigung der arbeitsvertraglichen Vereinbarungen – auf jeden Arbeitsplatz des betreffenden Arbeitgebers in Betracht. Das gilt auch für Arbeitsplätze in anderen Betriebsteilen oder Arbeitsstätten.

1

Ein Arbeitsplatzwechsel ist bei Unzumutbarkeit für die schwangere oder stillende Frau ausgeschlossen. Dabei sind die Verhältnisse des Einzelfalles umfassend zu prüfen (Urteil des BAG vom 14.04.1972; Az.: 3 AZR 395/71, Betriebs-Berater – BB – 1973 S. 566). Deshalb kann ein Arbeitsplatzwechsel auch unzumutbar sein, weil damit z. B. eine Änderung der Arbeitszeit verbunden ist, die mit den privaten Verpflichtungen der schwangeren oder stillenden Frau, etwa der Betreuung weiterer Kinder oder anderer Angehöriger, nicht in Einklang zu bringen ist.

Zu 3 – Beschäftigungsverbot: Können unverantwortbare Gefährdungen weder durch die Gestaltung der Arbeitsbedingungen noch durch einen Arbeitsplatzwechsel ausgeschlossen werden, hat der Arbeitgeber die Frau ganz oder teilweise von der Beschäftigung auszuschließen (Beschäftigungsverbot nach § 13 Abs. 3 Nr. 3 MuSchG).

Damit stellt die Regelung klar, dass das betriebliche Beschäftigungsverbot nachrangig gegenüber den Schutzmaßnahmen oder des zumutbaren Arbeitsplatzwechsels ist.

Das Beschäftigungsverbot darf nur in dem Umfang erfolgen, in dem es zum Ausschluss der unverantwortbaren Gefährdung der schwangeren oder stillenden Frau oder ihres (ungeborenen) Kindes erforderlich ist. Für den übrigen Teil der Arbeit sind die ansonsten in § 13 MuSchG vorgesehene Schutzmaßnahmen zu ergreifen. Anteile der Arbeit, die wegen mangelnder Gefährdung keiner Schutzmaßnahmen bedürfen, können weiterhin von der schwangeren oder stillenden Frau ausgeführt werden.

Zuständig und verantwortlich für die Erteilung des Beschäftigungsverbotes und seine unmittelbare Durchsetzung ist der Arbeitgeber. Im Unterschied zur Freistellung ist die Frau nicht nur von der Verpflichtung zur arbeitsvertraglich geregelten Arbeitsleistung zu befreien. Vielmehr hat der Arbeitgeber sicherzustellen, dass die Frau ihre Abreit auch ensprchend dem Beschäftigungsverbot unterbricht. Ihr Entgeltanspruch richtet sich bei betrieblichen Beschäftigungsverboten nach § 18 MuSchG. Auf die diesbezüglichen Ausführungen im 2. Kapitel „Kündigungsschutz" wird verwiesen.

1

Das vorstehend behandelte betriebliche Beschäftigungsverbot ist vom ärztlichen Beschäftigungsverbot nach § 16 MuSchG abzugrenzen. Ein von einem Betriebsarzt im Auftrag des Arbeitgebers erlassenes Beschäftigungsverbot ist aber als betriebliches Beschäftigungsverbot einzuordnen.

§ 13 Abs. 2 MuSchG beschäftigt sich mit der Heimarbeit. Danach darf der Auftraggeber oder Zwischenmeister keine Heimarbeit an schwangere oder stillende Frauen ausgeben, wenn unverantwortbare Gefährdungen nicht durch die Umgestaltung der Arbeitsbedingungen ausgeschlossen werden können.

Die zuständige Aufsichtsbehörde kann Schutzmaßnahmen anordnen (§ 29 Abs. 3 Satz 1 Nr. 6 MuSchG).

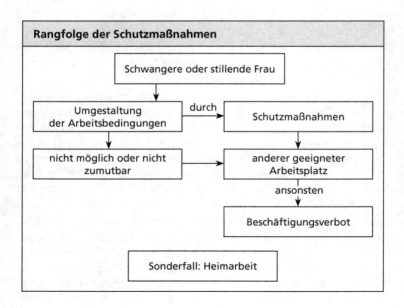

Rangfolge der Schutzmaßnahmen

www.WALHALLA.de

Dokumentationspflicht des Arbeitgebers

Mit der Dokumentationspflicht des Arbeitgebers in Zusammenhang mit der Beurteilung der Arbeitsbedingungen beschäftigt sich § 14 MuSchG. Hier wird zunächst ausdrücklich vorgeschrieben, dass der Arbeitgeber die Beurteilung der Arbeitsbedingungen nach § 10 MuSchG (vgl. die obigen Ausführungen) durch Unterlagen zu dokumentieren hat.

1

Aus diesen Unterlagen muss Folgendes ersichtlich sein:

- das Ergebnis der Gefährdungsbeurteilung,

- die Festlegung der erforderlichen Schutzmaßnahmen sowie das Ergebnis ihrer Überprüfung und

- das Angebot eines Gesprächs mit der Frau über weitere Anpassungen ihrer Arbeitsbedingungen oder der Zeitpunkt eines solchen Gesprächs.

Die vorstehend aufgeführte Dokumentation ist Grundvoraussetzung dafür, dass die Ergebnisse der Beurteilung der Arbeitsbedingungen von allen Personen, die bei dem Arbeitgeber beschäftigt sind, von der schwangeren oder stillenden Frau, von den Aufsichtsbehörden und nicht zuletzt auch vom Arbeitgeber selbst nachvollzogen und überprüft werden können.

Die Dokumentation muss auch die Gefährdungen enthalten, die nach der Gefährdungsprüfung als hinnehmbar einzustufen sind. So muss beispielsweise der Arbeitgeber, der Stoffe mit Auswirkungen auf die Laktation am Arbeitsplatz feststellt, die mit ihnen verbundene Gefährdung dokumentieren, auch wenn er sie im Rahmen der Bewertung der Arbeitsbedingungen und der unzulässigen Tätigkeit und Arbeitsbedingungen als hinnehmar einstuft. Nach der in der Gesetzesbegründung vertretenen Auffassung vermeidet die Dokumentation auch von verantwortbaren Gefährdungen, dass Gefährdungen, die möglicherweise nur irrtümlich als hinnehmbar eingestuft werden, vollständig aus der Dokumentation verschwinden.

In Fällen, in denen beispielsweise an einem Büroarbeitsplatz keine mutterschutzspezifischen Gefährdungen festgestellt werden, weil sich die Gefährdungen für Nichtschwangere und Schwangere in gleicher Weise auswirken, ist keine ausführliche Dokumentation erforderlich. Hier ist lediglich ein entsprechender kurzer Vermerk zu den Unterlagen zu nehmen.

§ 14 Abs. 1 Satz 2 MuSchG stellt klar, unter welchen Voraussetzungen von der Erstellung einer Dokumentation hinsichtlich der Beurteilung der Arbeitsbedingungen für den Mutterschutz abgesehen werden kann. Demnach ist eine erneute, vollumfängliche Dokumentation entbehrlich, wenn die Beurteilung nach § 9 Abs. 1 MuSchG oder ihre Konkretisierung nach § 9 Abs. 2 MuSchG ergibt, dass sich während der Schwangerschaft oder in der Stillzeit keine Gefährdung einer Frau oder ihres (ungeborenen) Kindes herausstellt. Nach der in der Gesetzesbegründung vertretenen Ansicht dürfte dies z. B. für viele Büroarbeitsplätze zutreffen. In diesen Fällen reicht es, wenn der Arbeitgeber einen entsprechenden Vermerk in seinen Unterlagen aufnimmt und sich in dem Vermerk auf die bereits vorliegende Dokumentation der Beurteilung der Arbeitsbedingungen nach § 5 ArbSchG bezieht.

Wenn die Beurteilung der Arbeitsbedingungen nach § 10 MuSchG ergibt, dass die schwangere oder stillende Frau oder ihr Kind keiner Gefährdung ausgesetzt sein kann, reicht es aus, diese Feststellung in einer für den Arbeitsplatz der Frau oder für die Tätigkeit der Frau bereits erstellten Dokumentation der Beurteilung der Arbeitsbedingungen nach § 5 des Arbeitsschutzgesetzes zu vermerken.

Die zuständige Aufsichtsbehörde kann nach § 29 Abs. 3 Nr. 9 MuSchG Einzelheiten zu Art und Umfang der Dokumentation nach § 14 MuSchG anordnen.

Informationspflichten des Arbeitgebers

§ 14 MuSchG sieht in seinen Absätzen 2 und 3 Informationspflichten durch den Arbeitgeber vor.

Zunächst bestimmt § 14 Abs. 2 MuSchG, dass der Arbeitgeber alle Personen, die bei ihm beschäftigt sind, über das Ergebnis der Gefährdungsbeurteilung und über den Bedarf der Schutzmaßnahmen zu informieren hat.

In der Begründung zum Gesetzesentwurf wird ausgeführt, dass der Arbeitgeber verpflichtet ist, auch die männlichen Beschäftigten über die generelle Beurteilung der Arbeitsbedingungen zu informieren. Damit soll sichergestellt werden, dass z. B. auch männliche Vorgesetzte wissen, welche Vorschriften sie bei einer schwangeren oder stillenden Frau beachten müssen.

1

Im Rahmen der Unterrichtung über die generelle Beurteilung der Arbeitsbedingungen kann es auch erforderlich sein, dass der Arbeitgeber Einsicht in die Unterlagen zur Gefährdungsbeurteilung zu gewähren hat. Die Unterrichtung umfasst auch die Vermittlung der Informationen in geeigneter Form.

Die konkretisierte Beurteilung der Arbeitsbedingungen ist von dieser Informationspflicht nicht erfasst, da aus ihr Informationen ersichtlich sein könnten, mit deren Weitergabe die schwangere oder stillende Frau aus persönlichkeitsrechtlichen oder datenschutzrechtlichen Erwägungen nicht einverstanden ist.

Die Regelung im bisherigen § 2 Satz 1 MuSchArbV, wonach gegebenenfalls ein vorhandener Betriebs- oder Personalrat über die Ergebnisse der Beurteilung informiert werden muss, ist entfallen, da das Mitbestimmungsrecht des Betriebsrats bzw. Personalrats auch die nach der Durchführung der Gefährdungsbeurteilung ergreifenden Maßnahmen umfasst.

Aufgrund des § 14 Abs. 3 MuSchG hat der Arbeitgeber eine schwangere oder stillende Frau über die Gefährdungsbeurteilung und über die damit verbundenen für sie erforderlichen Schutzmaßnahmen zu informieren. Diese Regelung soll nach der Gesetzesbegründung eine frühzeitige Beteiligung der Frau bei der Festlegung und Umsetzung der erfordelichen Schutzmaßnahmen gewährleisten. Sie soll so zu einem gegenseitigen Austausch zwischen Arbeitgeber und schwangerer oder stillender Frau beitragen. Diese Unterrichtung kann es auch erforderlich machen, dass der Arbeitgeber der betreffenden Frau Einsicht in die Unterlagen zur Gefährdungsbeurteilung gewährt.

Mitteilungs- und Nachweisobliegenheiten der Schwangeren, Stillenden

1

§ 15 MuSchG regelt Mitteilungs- und Nachweisobliegenheiten der schwangeren oder stillenden Frau gegenüber ihrem Arbeitgeber, die wegen ihrer Bedeutung für einen wirkungsvollen Gesundheitsschutz besonders wichtig sind.

Nach § 15 Abs. 1 MuSchG soll eine schwangere Frau ihrem Arbeitgeber ihre Schwangerschaft und den voraussichtlichen Tag der Entbindung mitteilen, sobald sie weiß, dass sie schwanger ist. Eine stillende Frau soll ihrem Arbeitgeber so früh wie möglich, gegebenenfalls noch in der Schutzfrist nach der Entbindung oder in der Elternzeit vor der Wiederaufnahme ihrer Tätigkeit, mitteilen, dass sie stillt.

Die Arbeitnehmerin ist nicht verpflichtet, den Arbeitgeber zu einem bestimmten Zeitpunkt über ihre Schwangerschaft in Kenntnis zu setzen. Auf Schutzbestimmungen des Mutterschutzgesetzes kann sie sich aber nur berufen, wenn der Arbeitgeber über die Schwangerschaft informiert ist.

Wichtig: Der Arbeitgeber kann die Mitteilung nicht erzwingen. Nach allgemeiner Auffassung handelt es sich bei der gesetzlichen Regelung nur um eine „nachdrückliche Empfehlung" im Interesse der werdenden Mutter und des erwarteten Kindes. Deshalb ist die Nichtbeachtung der Mitteilungspflicht nicht unter Strafe gestellt.

Entsteht dem Arbeitgeber allerdings durch eine unterbliebene oder eine verspätete Mitteilung ein Schaden, kann er Schadensersatz von der werdenden Mutter verlangen.

Beispiel:

Eine Arbeitnehmerin teilt ihre Schwangerschaft erst bei Beginn der Schutzfrist vor der Entbindung mit. Da sie auf einer Nebenstelle des Betriebs beschäftigt war, wurde ihr Zustand vorher nicht bemerkt. Dem Arbeitgeber ist es aufgrund der späten Meldung nicht mehr möglich, eine Ersatzkraft für diese Nebenstelle zu bekommen. Er muss die Stelle für einige Zeit schließen. Dadurch entstehen ihm Verluste. Hier droht der Arbeitnehmerin ein Schadensersatzanspruch.

Die Sollbestimmung über die Mitteilung der Schwangerschaft gilt nur für Frauen, die in einem Arbeitsverhältnis stehen. Heimarbeiterinnen sollen die Mitteilung dem Auftraggeber oder Zwischenmeister vorlegen.

Eine Form für die Mitteilung ist nicht vorgeschrieben. Sie kann deshalb mündlich oder schriftlich erfolgen.

1

Die Mitteilung wird im Allgemeinen an den Arbeitgeber oder den von ihm bestimmten Dienstvorgesetzten der Schwangeren gerichtet sein. Bei größeren Betrieben ist meist die Personalabteilung zuständig.

Wichtig: Es reicht nicht aus, die Mitteilung an Vorarbeiter, Arbeitskollegen oder Betriebsratsmitglieder (Personalratsmitglieder) zu richten. Allerdings können solche Personen von der Schwangeren beauftragt werden, die Mitteilung vorzunehmen.

Mitteilungen Dritter ohne Auftrag der Schwangeren sind zwar keine Mitteilungen im Sinne des Mutterschutzgesetzes, sie können aber bei hinreichender Sicherheit dem Arbeitgeber die Kenntnis von einer bestehenden Schwangerschaft vermitteln, sodass er die Vorschriften des Mutterschutzes beachten muss.

Die Mitteilung ist nicht schon dann vorzunehmen, wenn die Frau eine Schwangerschaft „ahnt" oder „vermutet". Die Frau wird sich allerdings zur Wahrung ihrer Rechte um die Gewissheit einer Schwangerschaft bemühen müssen. Für krankenversicherte Frauen entstehen bei einer entsprechenden ärztlichen Untersuchung keine Kosten.

Behauptet eine Arbeitnehmerin, sie sei schwanger, kann der Arbeitgeber die Vorlage eines Zeugnisses verlangen. Allerdings enthält das Gesetz auch hier nur eine Sollbestimmung: Die Schwangere soll auf Verlangen des Arbeitgebers das Zeugnis eines Arztes oder einer Hebamme vorlegen.

Der Arbeitgeber muss die mutterschutzrechtlichen Verpflichtungen auch beachten, wenn er kein Zeugnis verlangt hat.

Die Kosten für dieses Zeugnis hat der Arbeitgeber zu tragen (§ 9 Abs. 6 MuSchG). Dazu gehören auch die Kosten der entsprechenden ärztlichen Untersuchung. Bei krankenversicherten

Frauen werden in der Regel die Kosten des Zeugnisses von der gesetzlichen Krankenkasse übernommen. In einem solchen Fall entfällt die Kostenverpflichtung des Arbeitgebers.

Der Arbeitgeber darf die Mitteilung der werdenden Mutter Dritten nicht unbefugt bekannt geben. „Befugt" ist die Bekanntgabe, wenn die Frau einverstanden ist. Innerbetrieblich kann der Arbeitgeber die Betriebsangehörigen unterrichten, die er mit der Durchführung des Mutterschutzes betraut hat (Personalabteilung, Dienstvorgesetzte, Werksarzt, Werkfürsorge).

Wichtig: Der Arbeitgeber ist verpflichtet, dem Betriebsrat bzw. Personalrat alle ihm bekannt werdenden Fälle der Schwangerschaft von Arbeitnehmerinnen unaufgefordert mitzuteilen (nach vorheriger Einwilligung der Schwangeren). Eine solche Mitteilung ist erforderlich, damit der Betriebs- oder Personalrat seine Aufgaben in Bezug auf den Mutterschutz durchführen kann.

Letzten Endes resultieren aus den Mitteilungs- und Nachweispflichten der Arbeitnehmer die entsprechenden Pflichten des Arbeitgebers gegen die Aufsichtsbehörde (§ 27 MuSchG; vgl. dazu die Ausführungen in Kapitel 4).

Ärztlicher Gesundheitsschutz

Schon die Überschrift zu § 16 MuSchG „Ärztliches Beschäftigungsverbot" macht deutlich, dass dieses Beschäftigungsverbot deutlich vom „Betrieblichen Beschäftigungsverbot" zu unterscheiden ist. Nach dem Wortlaut der Vorschrift kann Anlass für ein Beschäftigungsverbot nach § 16 MuSchG lediglich der individuelle – nicht notwendigerweise durch die betrieblichen Arbeitsbedingungen beeinflusste – Gesundheitszustand in der Schwangerschaft oder nach der Entbindung der Frau sein.

Die Ärztin oder der Arzt entscheidet in eigener Verantwortung, ob bei einer Fortdauer der Beschäftigung die Gesundheit der schwangeren Frau oder die ihres Kindes gefährdet ist. Die Ärztin oder der Arzt attestiert gegenüber der schwangeren Fau ein ärztliches Beschäftigungsverbot, wenn Gefährdungen für die Gesundheit der Frau oder ihres Kindes bei einer Fortdauer der Beschäftigung gegeben sind. Die Ärztin oder der Arzt hat hierbei einen Entscheidungsspielraum, ob sie bzw. er ein teilweises (zeit-lich befristet/aufgabenbezogen/vorläufig) oder ein vollumfäng-liches Beschäftigungsverbot attestiert. Aufgrund eines ärztlichen Beschäftigungsverbotes darf der Arbeitgeber eine schwangere Frau in dem dort benannten Umfang nicht mehr beschäftigen.

Soweit die Ärztin oder der Arzt in dem ärztlichen Zeugnis die gefährdenden Tätigkeiten oder Arbeitsbedingungen konkret benennt, der Arbeitgeber die benannten Gefährdungen durch Zuweisung geringerer und zumutbarer Tätigkeiten abwenden kann und die in einer neuen konkretisierten Gefährdungsbeur-teilung schriftlich dokumentiert, verliert das ärztliche Zeugnis seine Gültigkeit.

Nach § 16 Abs. 1 MuSchG darf der Arbeitgeber eine schwangere Frau nicht beschäftigen, soweit nach einem ärztlichen Zeugnis ihre Gesundheit oder die ihres Kindes bei Fortdauer der Beschäf-tigung gefährdet ist. Aufgrund des § 16 Abs. 2 MuSchG darf der Arbeitgeber eine Frau, die nach einem ärztlichen Zeugnis in den ersten Monaten nach der Entbindung nicht voll leistungsfähig ist, nicht mit Arbeiten beschäftigen, die ihre Leistungsfähigkeit übersteigen. Nach der Begründung zum Gesetzesentwurf kommt das ärztliche Beschäftigungsverbot nach der Entbindung auch für nicht stillende Frauen in Betracht, die aufgrund ihrer Situation nach der Entbindung nicht voll leistungsfähig sind.

Kündigungsschutz

2

Kündigungsverbot

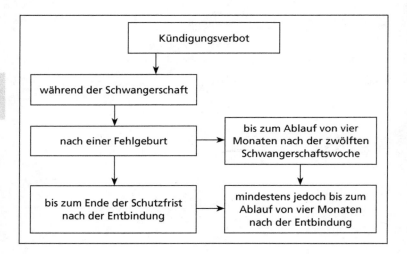

Voraussetzung für das Kündigungsverbot des Arbeitgebers ist, dass ihm zum Zeitpunkt der Kündigung

- die Schwangerschaft,
- die Fehlgeburt nach der zwölften Schwangerschaftswoche oder
- die Entbindung

bekannt ist oder wenn sie ihm innerhalb von zwei Wochen nach Zugang der Kündigung mitgeteilt wird (siehe dazu vertiefend gleich).

Die Rechtsgrundlage für den Kündigungsschutz ist § 17 MuSchG.

Das Kündigungsverbot gilt auch für Frauen, die wegen ihrer wirtschaftlichen Unselbstständigkeit als arbeitnehmerähnliche Personen anzusehen sind.

Die Kündigung ist unzulässig

- für Fälle der Entbindung, d. h.
    - einer Lebendgeburt im Sinne von § 31 Abs. 1 der Personen-standsverordung (PStV) oder
    - einer Totgeburt im Sinne von § 31 Abs. 2 PStV, und
- im Falle der Fehlgeburt im Sinne von § 31 Abs. 3 PStV, wenn die Schwangerschaft mindestens zwölf Wochen bestanden hat.

Zuletzt hatte die höchstrichterliche Rechtsprechung (BAG, Urteil vom 15.12.2005; Az.: 2 AZR 462/04, NZA 2006 S. 994) zur Aus-legung des Begriffs „Entbindung" auf die Abgrenzung von Fehl- und Totgeburten in der PStV verwiesen. Dies ist aus medizinischer Sicht und nach der Intention des MuSchG nicht sachgerecht, da auch Frauen nach einer Fehlgeburt unabhängig von der Gewichts-grenze des Kindes von 500 Gramm einer besonderen Belastungs-situation ausgesetzt sind. Mit der Stichtagsregelung nach der zwölften Schwangerschaftswoche wird dem Umstand Rechnung getragen, dass im Allgemeinen die Schwangerschaft der Frau aus psychologischer Sicht danach als „sicher" bewertet wird und sich die Bindung der Mutter zu ihrem ungeborenen Kind ab diesem Zeitpunkt besonders intensiviert.

Die Gewichtsgrenze von 500 Gramm wird – wie erwähnt – ge-fordert, um eine Totgeburt von einer Fehlgeburt abzugrenzen. Voraussetzung ist hier, dass sich bei der Leibesfrucht Merkmale des Lebens nicht gezeigt haben. Dagegen wird von einer Lebend-geburt gesprochen, wenn bei einem Kinde nach der Scheidung vom Mutterleib entweder das Herz geschlagen oder die Nabel-schnur pulsiert oder die natürliche Lungenatmung eingesetzt hat.

In diesem Zusammenhang ist noch zu erwähnen, dass unter der Entbindung im Allgemeinen das Abtrennen des neuen Organis-mus (des Kindes) vom mütterlichen Organismus verstanden wird. Beendet ist die Entbindung mit der Abtrennung der Nabelschnur. Um eine Entbindung handelt es sich aber auch dann, wenn das Kind tot geboren wurde.

Mitteilungsfrist

Eine Kündigung ist unzulässig, wenn dem Arbeitgeber zum Zeit-punkt der Kündigung die Schwangerschaft, die Fehlgeburt nach der zwölften Schwangerschaftswoche oder die Entbindung bekannt ist oder wenn sie ihm innerhalb von zwei Wochen nach Zugang der Kündigung mitgeteilt wird.

Es genügt, dass das Bestehen einer Schwangerschaft innerhalb der Frist von zwei Wochen mitgeteilt wird. Nicht erforderlich ist, dass der Nachweis der Schwangerschaft innerhalb dieser Frist erbracht wird. Hierfür besteht eine angemessene Frist nach Aufforderung durch den Arbeitgeber (Urteil des BAG vom 23.05.1969; Az.: 2 AZR 379/68).

2

Eine Form für die Mitteilung ist nicht vorgeschrieben. Sie kann auch von dritter Seite im Auftrage der Schwangeren und ferner gegenüber dem dienstlichen Vorgesetzten gemacht werden. Unerheblich ist, dass der Arbeitgeber den Inhalt der Mitteilung nicht verstanden hat, weil der Arzt für das Wort „Schwangerschaft" die wissenschaftliche Bezeichnung gewählt hat (Urteil des BAG vom 13.04.1956; Az.: 1 AZR 390/55). Die Frist von zwei Wochen (14 Kalendertagen) beginnt mit dem Zugang der Kündigung, also

- bei mündlicher Kündigung gegenüber der anwesenden Frau sofort,

- bei schriftlicher Kündigung dann, wenn sie so in den Machtbereich der Empfängerin gelangt ist, dass bei Annahme gewöhnlicher Verhältnisse damit zu rechnen war, dass die Empfängerin von der Kündigung Kenntnis nehmen konnte.

Die Frist berechnet sich nach § 188 BGB. Ist also die Kündigung an einem Mittwoch zugegangen, so endet die Frist mit dem Mittwoch der zweiten Woche.

Das Überschreiten der Mitteilungsfrist ist unschädlich, wenn es auf einem von der Frau nicht zu vertretenden Umstand beruht und die Mitteilung unverzüglich nachgeholt wird.

Bei der Prüfung, ob eine Mitteilung über die vorliegende Schwangerschaft bei unverschuldeter Versäumung der Zwei-Wochen-Frist unverzüglich nachgeholt worden ist, kann weder auf eine Mindestfrist (in der die Verzögerung der Mitteilung regelmäßig als unverschuldet anzusehen ist) noch auf eine Höchstfrist (nach deren Ablauf stets von einem schuldhaften Zögern auszugehen ist) abgestellt werden (Urteil des BAG vom 20.05.1988; Az.: 2 AZR

739/87). Entscheidend sind vielmehr stets die besonderen Umstände des konkreten Falles. Nach Auffassung des BAG im Urteil vom 20.05.1988 ist auch die Unkenntnis der Schwangeren vom Beginn der Schwangerschaft an sich geeignet, eine schuldhafte Verzögerung der nachgeholten Mitteilung der Schwangerschaft auszuschließen.

Die Darlegungs- und Beweispflicht dafür, dass die Anzeige der Schwangerschaft an den Arbeitgeber innerhalb der Zwei-Wochen-Frist unverschuldet versäumt wird, trifft die Arbeitnehmerin (Urteil des BAG vom 13.01.1982; Az.: 7 AZR 764/79). Auch für den Fall der unverzüglichen Nachholung der Mitteilung hat die Arbeitnehmerin im Einzelnen darzulegen und gegebenenfalls zu beweisen, dass sie ohne schuldhaftes Zögern dem Arbeitgeber von dem Bestehen einer Schwangerschaft Mitteilung gemacht hat.

2

Das BAG hat mit Urteil vom 16.05.2002 (Az.: 2 AZR 30/00) festgestellt, dass die Überschreitung der Frist des (heute) § 17 Abs. 1 MuSchG von der Schwangeren zu vertreten ist, wenn sie auf einen gröblichen Verstoß gegen das von einem verständigen Menschen im eigenen Interesse billigerweise zu erwartenden Verhalten zurückzuführen ist (Verschulden gegen sich selbst). Einen solchen gröblichen Verstoß stellt es nicht dar, wenn die Schwangere die Bescheinigung über die Schwangerschaft mit normaler Post an den Arbeitgeber versendet und der Brief dann aus ungeklärter Ursache verloren geht. Mit einem Verlust des Briefes auf dem Beförderungswege muss die Schwangere nicht von vornherein rechnen.

Auflösung des Arbeitsvertrages

Wichtig: Für den Arbeitgeber gilt ein absolutes Kündigungsverbot.

Die Frau kann aber das Arbeitsverhältnis während der Schwangerschaft und nach der Entbindung auflösen. Kündigt sie in Unkenntnis ihres Rechts auf Kündigungsschutz, steht ihr kein Anfechtungsrecht zu!

Auf ihren gesetzlichen Schutz kann die Frau nicht verzichten, jedenfalls nicht vor der Arbeitgeber-Kündigung. Ebenfalls unzulässig sind Abreden über eine Beendigung des Arbeitsverhältnisses bei Eintritt von Schwangerschaft. Der Kündigungsschutz gilt auch für Heimarbeiterinnen.

Aufhebungsvertrag

Die Erklärung der Arbeitnehmerin, sie nehme die Kündigung hin oder sie verzichte auf den Mutterschutz, genügt einem wirksamen Aufhebungsvertrag nicht. Ebenso wenig bedeutet Schweigen der Arbeitnehmerin auf die Kündigung durch den Arbeitgeber ohne Weiteres ihr Einverständnis im Sinne eines Aufhebungsvertrages.

Hat aber eine Frau eine Ausgleichsquittung unterzeichnet, hat sie damit der Aufhebung des Arbeitsverhältnisses zugestimmt, denn damit wurden sämtliche Ansprüche aus dem bisherigen Arbeitsverhältnis beendet und mit dem neu geschlossenen Aufhebungsvertrag neu geregelt. Der mutterschutzrechtliche Kündigungsschutz besteht in diesen Fällen selbst dann nicht mehr, wenn die Erklärung in Unkenntnis ihrer Schwangerschaft abgegeben wurde.

Vorsicht! Befristete Arbeitsverträge

Liegt ein befristeter Arbeitsvertrag vor, kann sich der Arbeitgeber auch bei Schwangerschaft auf die Befristung berufen. Es ist somit keine Kündigung erforderlich. Deshalb gibt es keinen Kündigungsschutz.

Die „sachlichen Gründe" müssen so stark sein, dass sie die Befristung und damit den Verlust des Kündigungsschutzes sozial rechtfertigen.

Die sachliche Berechtigung für die Befristung eines Arbeitsverhältnisses muss auch hinsichtlich der Zeitdauer gegeben sein.

Beginn des Kündigungsschutzes

Der Kündigungsschutz beginnt mit dem Tag der Empfängnis. In der Praxis kommt es dabei auf den vom Arzt oder der Hebamme festgestellten Termin an.

Wie bereits erwähnt, setzt der Kündigungsschutz nach dem MuSchG voraus, dass dem Arbeitgeber zum Zeitpunkt der Kündigung die Schwangerschaft oder Entbindung bekannt war (vgl. „Mitteilungsfrist" im vorigen Abschnitt). Das gilt auch, wenn die Schwangerschaft oder Entbindung dem Arbeitgeber innerhalb von zwei Wochen nach Zugang der Kündigung mitgeteilt wird.

Demnach kommt es auf den Zeitpunkt der Kündigung an

- bei mündlicher Kündigung auf den Zeitpunkt ihrer Erklärung,
- bei schriftlicher Kündigung auf die Zeit der Absendung des Kündigungsschreibens.

2

Ist die Kündigung vor Beginn der Schwangerschaft ausgesprochen worden, ist sie auch dann wirksam, wenn durch die Kündigung das Arbeitsverhältnis erst während der Schwangerschaft endet.

Schwangerschaft und Entbindung können dem Arbeitgeber selbst bekannt sein. Dies kann durch eigene Wahrnehmung oder Mitteilungen von dritter Seite, namentlich durch die Mitteilung dienstlicher Vorgesetzter, geschehen.

In aller Regel ist die Kenntnis eines Vorgesetzten mit Personalbefugnissen dem Arbeitgeber als eigene Kenntnis anzurechnen. Es kommt auf die positive Kenntnis an. Bloße Vermutung und ein Kennenmüssen genügt nicht!

Wichtig: Grundsätzlich ist es Sache der Frau, den Arbeitgeber zu informieren. Beweispflichtig für die Kenntnis des Arbeitgebers ist die Arbeitnehmerin.

Wurde die Schwangerschaft nicht mitgeteilt und hat auch der Arbeitgeber im Zeitpunkt der Kündigung keine Kenntnis von der Schwangerschaft oder der Entbindung, muss die Frau die Mitteilung innerhalb von zwei Wochen nach Zugang der Kündigung machen. Sonst verliert sie den Kündigungsschutz.

Das Überschreiten der Zwei-Wochen-Frist ist aber unschädlich, wenn es auf einem von der Frau nicht zu vertretenden Grund beruht und die Mitteilung unverzüglich nachgeholt wird.

> **Praxis-Tipp:**
> Arbeitnehmerinnen lassen sich von ihrem Arzt bescheinigen, dass sie infolge ihres Gesundheitszustands nicht in der Lage waren, die Mitteilung rechtzeitig zu erstatten.

Die Kündigungsverbote des Mutterschutzgesetzes und des Bundeselterngeld- und Elternzeitgesetzes (BEEG) bestehen nebeneinander.

Bei Vorliegen von Mutterschaft und zusätzlich Elternzeit bedarf somit der Arbeitgeber für eine ausnahmsweise Kündigung in besonderen Fällen der Zulässigkeitserklärung der Arbeitsschutzbehörde, und zwar sowohl nach dem Mutterschutzgesetz als auch nach dem BEEG.

2

Wichtig: Eine Frau kann während der Schwangerschaft und während der Schutzfrist nach der Entbindung das Arbeitsverhältnis ohne Einhaltung einer Frist zum Ende der Schutzfrist nach der Entbindung kündigen.

Wird allerdings das Arbeitsverhältnis während der Schwangerschaft oder während der Schutzfrist nach der Entbindung aufgelöst und kehrt die Frau innerhalb eines Jahres in den Betrieb zurück, gelten besondere Schutzbestimmungen.

Soweit Rechte aus dem Arbeitsverhältnis nämlich von der Dauer der Beschäftigungs- oder Dienstzeit abhängen, gilt das Arbeitsverhältnis als nicht unterbrochen.

Auf dieses Recht kann sich die Frau nicht berufen, wenn sie in der Zeit von der Auflösung des Arbeitsverhältnisses bis zur Wiedereinstellung bei einem anderen Arbeitgeber beschäftigt war. Eine selbstständige Tätigkeit der Frau ist allerdings unschädlich.

Betroffen sind nur die Rechte, die von der Dauer der Betriebs- oder Berufszugehörigkeit oder von der Dauer der Beschäftigungs- oder Dienstzeit abhängen. Das gilt zunächst für gesetzliche und tarifliche Ansprüche, z. B. nach dem Kündigungsschutzgesetz oder dem Bundesurlaubsgesetz. Es gilt aber auch für betriebliche Sozialleistungen, wie beispielsweise Treueprämien, Jubiläumsgaben, betriebliche Altersversorgung.

Nach § 17 Abs. 1 Satz 3 MuSchG gelten die Regelungen über das Kündigungsverbot, die Mitteilung der Schwangerschaft, der Fehlgeburt oder der Entbindung entsprechend für Vorbereitungshandlungen des Arbeitgebers, die er im Hinblick auf eine Kündigung der Frau trifft. Nach der Gesetzesbegründung dient dies im Hinblick auf das mutterschutzrechtliche Kündigungsverbot der

Klarstellung im Sinne der Rechtsprechung des Europäischen Gerichtshofs (EuGH). Nach dem Urteil des EuGH vom 11.10.2007 (Az.: C-460/06) liegt bereits dann ein Verstoß gegen das Kündigungsverbot des Artikels 10 der Mutterschutzrichtlinie (92/85/EWG) vor, wenn „vor Ablauf dieser Zeit Maßnahmen in Vorbereitung einer solchen Entscheidung wie etwa die Suche und Planung eines endgültigen Ersatzes für die betroffene Angestellte getroffen werden". Wurden die Vorbereitungen in den oben angesprochenen Zeiträumen getroffen, ist eine Kündigung unwirksam. Der für das Einsetzen des Kündigungsverbots maßgebende Beginn der Schwangerschaft ist wie folgt zu ermitteln: Von dem in dem Zeugnis des Arztes oder der Hebamme angegebenen voraussichtlichen Tag der Entbindung sind 280 Tage zurückzurechnen. Dabei ist der voraussichtliche Entbindungstag nicht mitzuzählen.

2

> **Beispiel:**
>
> Eine Arbeitnehmerin legt am 12.07.2018 ein ärztliches Zeugnis vor, aus dem sich ergibt, dass sie voraussichtlich am 25.02.2019 entbinden wird. 280 Tage zurückgerechnet (ohne Berücksichtigung des voraussichtlichen Entbindungstages) ergibt den 21.05.2018 als Beginn der Schwangerschaft und damit auch den Beginn des Kündigungsschutzes.

Ausnahmen vom Kündigungsverbot

Die für den Arbeitsschutz zuständige oberste Landesbehörde oder die von ihr bestimmte Stelle kann nach § 17 Abs. 2 MuSchG in besonderen Fällen ausnahmsweise die Kündigung für zulässig erklären.

Die „besonderen Fälle" dürfen nicht mit dem Zustand der Frau in der Schwangerschaft, nach einer Fehlgeburt nach der zwölften Schwangerschaftswoche oder nach der Entbindung in Zusammenhang stehen.

Die Kündigung bedarf der Schriftform und muss den Kündigungsgrund angeben.

Zur Orientierung bei der Durchführung der Regelung des § 17 Abs. 2 MuSchG kann die Verwaltungsvorschrift nach § 18 Abs. 1

Satz 6 des BEEG herangezogen werden. Nach Art. 84 Abs. 2 GG kann die Bundesregierung mit Zustimmung des Bundesrates zudem auch gesondert zur Durchführung des § 17 Abs. 2 MuSchG allgemeine Verwaltungsvorschriften erlassen.

Kein Ausschluss von Heimarbeit

2

Nach § 17 Abs. 3 MuSchG darf der Auftraggeber oder Zwischenmeister eine in Heimarbeit beschäftigte Frau in den Zeiten, in den Fristen nach § 17 Abs. 1 MuSchG (vgl. dazu die obigen Ausführungen) nicht gegen ihren Willen bei der Ausgabe von Heimarbeit ausschließen. Bestimmte Vorschriften bleiben unberührt. Dabei handelt es sich um

- § 3 MuSchG (Schutzfristen vor und nach der Entbindung),

- § 8 MuSchG (Beschränkung von Heimarbeit an schwangere oder stillende Frauen),

- § 11 MuSchG (unzulässige Tätigkeiten und Arbeitsbedingungen für schwangere Frauen),

- § 12 MuSchG (unzulässige Tätigkeiten und Arbeitsbedingungen für stillende Frauen),

- § 13 Abs. 2 MuSchG (keine Heimarbeit an schwangere oder stillende Frauen, wenn unverantwortbare Gefährdungen nicht durch Schutzmaßnahmen ausgeschlossen werden können),

- § 16 MuSchG (ärztliches Beschäftigungsverbot).

Das Kündigungsverbot des § 17 Abs. 1 MuSchG gilt auch für eine Frau, die der in Heimarbeit beschäftigten Frau gleichgestellt ist und deren Gleichstellung sich auch auf § 29 des HAG erstreckt.

§ 17 Abs. 2 MuSchG (Ausnahmen vom Kündigungsschutz durch die für den Arbeitsschutz zuständige oberste Landesbehörde oder die von ihr bestimmte Stelle) gilt für eine in Heimarbeit beschäftigte Frau und eine ihr Gleichgestellte entsprechend.

Leistungen

3

Mutterschutzlohn

Grundsätze

Abschnitt 4 des neuen MuSchG beschäftigt sich in den §§ 18 bis 25 mit den Leistungen des MuSchG, insbesondere mit den Geldleistungen „Mutterschutzlohn", „Mutterschaftsgeld" und dem „Zuschuss zum Mutterschaftsgeld".

Bei dem in § 18 MuSchG behandelten Mutterschutzlohn geht es um die Weiterzahlung des Arbeitsentgelts während eines Beschäftigungsverbots.

Es geht hier nicht um Leistungen während der Schutzfristen. Hier wird ja in aller Regel Mutterschaftsgeld gezahlt. Der Anspruch auf Mutterschaftsgeld richtet sich entweder gegen die zuständige Krankenkasse oder gegen den Staat. Unter bestimmten Voraussetzungen tritt zu diesem Mutterschaftsgeld ein Zuschuss des Arbeitgebers.

Beschäftigungsverbote

Als Beschäftigungsverbote in diesem Sinne kommen in Betracht:

- Verbot der Mehrarbeit (§ 4 MuSchG)

- Ruhezeit (§ 4 MuSchG)

- Verbot der Nachtarbeit (§ 5 MuSchG)

- Verbot der Sonn- und Feiertagsarbeit (§6 MuSchG)

- Freistellung für Untersuchungen und zum Stillen (§ 7 MuSchG)

- Beschränkung von Heimarbeit (§ 8 MuSchG).

Es handelt sich hier um Maßnahmen des arbeitszeitlichen Gesundheitsschutzes (vgl. in Kapitel 1).

Liegen unzulässige Tätigkeiten und Arbeitsbedingungen für schwangere und stillende Frauen vor (§§ 11, 12 MuSchG – vgl. die Ausführungen im Abschnitt „Betrieblicher Gesundheitsschutz" Kapitel 1) darf eine Beschäftigung ebenfalls nicht erfolgen und es entstehen Verdienstausfälle, die durch den Mutterschutzlohn ausgeglichen werden.

Außerdem ist § 16 MuSchG zu beachten (vgl. dazu die Ausführungen im Abschnitt „Ärztlicher Gesundheitsschutz" im Kapite! 1). Hier darf der Arbeitgeber eine schwangere Frau nicht beschäftigen, soweit nach einem ärztlichen Zeugnis ihre Gesundheit oder die ihres Kindes bei Fortdauer der Beschäftigung gefährdet ist. Die Beschäftigung einer Frau darf auch dann nicht erfolgen, wenn sie nach einem ärztlichen Zeugnis in den ersten Monaten nach der Entbindung nicht voll leistungsfähig ist. Die Beschäftigung darf nicht mit Arbeiten erfolgen, die ihre Leistungsfähigkeit übersteigen.

Wichtig: Darf die Beschäftigung nur teilweise erfolgen, wird auch nur teilweise Mutterschutzlohn gezahlt.

3

Für die in Heimarbeit beschäftigten Frauen und die ihnen Gleichgestellten tritt nach § 2 Abs. 3 Satz 2 MuSchG an die Stelle des Beschäftigungsverbots das Verbot der Ausgabe von Heimarbeit. Diese Frauen können ebenfalls einen Anspruch auf Mutterschutzlohn haben.

Für Frauen, die wegen ihrer wirtschaftlichen Unselbstständigkeit als arbeitnehmerähnliche Personen anzusehen sind, findet keine Anwendung, da Art und Umfang der finanziellen Absicherung der Entscheidung der selbstständig Tätigen vorbehalten ist (§ 1 Abs. 2 Satz 2 Nr. 7 MuSchG; vgl. dazu die Ausführungen zum „Anwendungsbereich" in Kapitel 1). Auf Entwicklungshelferinnen findet diese Regelung keine Anwendung, da sich in § 8 des Entwicklungshelfergesetzes insoweit speziellere Regelungen finden.

Schülerinnen und Studentinnen erhalten keine Leistungen nach dem MuSchG, es sei denn, sie arbeiten neben Schule oder Studium und fallen unter einen der anderen Regelungstatbeständen von § 1 Abs. 2 MuSchG oder sind als Werkstudentinnen tätig.

Ein Anspruch auf den Mutterschutzlohn besteht nur, wenn ein Beschäftigungsverbot für den Arbeitsausfall kausal (ursächlich) war. Es besteht jedoch kein Anspruch auf Fortzahlung des Arbeitsentgelts, wenn die Arbeitnehmerin vertragswidrig ihre Arbeitsleistung nicht erfüllt. Dies gilt auch, wenn sie ihre Arbeitskraft bewusst zurückhält.

Sie schuldet dem Arbeitgeber Arbeitsleistungen in dem Umfang, den ihre individuelle Leistungsfähigkeit ohne Beeinträchtigung ihrer und ihres Kindes Gesundheit zulässt. Der Arbeitgeber ist zum Beweis verpflichtet, dass die Arbeitnehmerin ihre Arbeitsleistung zurückhält.

Die Beschäftigungsverbote sind auch dann nicht ursächlich für die Verhinderung einer Arbeitsleistung, wenn die Arbeitnehmerin zwar ihre Arbeit verrichten könnte, sie jedoch wegen ihres Gesundheitszustands den Weg zu oder von der Arbeitsstätte nicht zurücklegen kann.

3

Wann kein Mutterschutzlohn bezahlt wird

Liegt für die Zeit eines ärztlicherseits angeordneten Beschäftigungsverbots gleichzeitig eine krankheitsbedingte Arbeitsunfähigkeit vor, besteht kein Anspruch auf Mutterschutzlohn.

Ein Anspruch auf den Mutterschutzlohn ist insbesondere ausgeschlossen, wenn die werdende Mutter Anspruch auf Entgeltfortzahlung infolge Krankheit (Krankenlohn) nach den allgemeinen Bestimmungen über die Entgeltfortzahlung bei Krankheit hat.

Treffen Ansprüche auf Krankenlohn und Mutterschutzlohn zusammen, haben die Ansprüche auf den Krankenlohn Vorrang. Das bedeutet in der Regel aber keinen Nachteil für die Frau. Schließlich wird auch das während einer Arbeitsunfähigkeit weitergewährte Entgelt zu 100 Prozent gezahlt. Allerdings wird hier das ausgefallene Entgelt erbracht, während sich beim Mutterschutzlohn die Berechnung an den letzten 13 Wochen bzw. drei Monaten vor Schwangerschaftsbeginn orientiert (vgl. dazu die noch folgenden Ausführungen).

Berechnung des Mutterschutzlohnes

Nach § 18 MuSchG wird als Mutterschutzlohn das durchschnittliche Arbeitsentgelt der letzten drei abgerechneten Kalendermonate vor dem Eintritt der Schwangerschaft gezahlt. Dies gilt auch, wenn wegen dieses Verbots die Beschäftigung oder die Entlohnungsart wechselt. Beginnt das Beschäftigungsverhältnis erst nach Eintritt der Schwangerschaft, ist das durchschnittliche

Arbeitsentgelt aus dem Arbeitsentgelt der ersten drei Monate der Beschäftigung zu berechnen.

Mit der Ermittlung des in § 18 MuSchG erwähnten durchschnittlichen Arbeitsentgelts beschäftigt sich § 21 MuSchG.

§ 21 MuSchG ist nicht nur für die Berechnung des Mutterschutzlohnes, sondern auch für die Berechnung des Mutterschaftsgeldes (§ 19 MuSchG) und des Zuschusses zum Mutterschaftsgeld (§ 20 MuSchG) maßgebend; zu beiden siehe die Ausführungen in den folgenden Abschnitten.

Nach § 21 Abs. 1 MuSchG bleiben bei der Bestimmung des Berechnungszeitraumes (letzte drei abgerechnete Kalendermonate) bestimmte Zeiten unberücksichtigt. Es handelt sich hier um Zeiten, in denen die Frau infolge unverschuldeter Fehlzeiten (z. B. wegen Arbeitsunfähigkeit oder wegen unbezahlten Urlaubs) kein Arbeitsentgelt erzielt hat.

3

War das Beschäftigungsverhältnis kürzer als drei Monate, ist der Berechnung der tatsächliche Zeitraum des Beschäftigungsverhältnisses zugrunde zu legen.

Für die Ermittlung des durchschnittlichen Arbeitsentgelts bleiben unberücksichtigt:

1. einmalig gezahltes Arbeitsentgelt im Sinne von § 23a SGB IV,

2. Kürzungen des Arbeitsentgelts, die im Berechnungszeitraum infolge von Kurzarbeit, Arbeitsausfällen oder unverschuldetem Arbeitsversäumnis eintreten,

3. im Falle der Beendigung der Elternzeit nach dem BEEG ist das Arbeitsentgelt aus Teilzeitbeschäftigung maßgebend, das während der Elternzeit erzielt wurde, soweit das durchschnittliche Arbeitsentgelt ohne die Berücksichtigung der Zeiten, in denen dieses Arbeitsentgelt erzielt wurde, höher ist.

Zu Nr. 1: Nach § 23a Abs. 1 SGB IV sind einmalig gezahltes Arbeitsentgelt Zuwendungen, die dem Arbeitsentgelt zuzurechnen sind und nicht für die Arbeit in einem einzelnen Entgeltabrechnungszeitraum gezahlt werden. Als einmalig gezahltes Arbeitsentgelt gelten nicht Zuwendungen, wenn sie

- üblicherweise zur Abgeltung bestimmter Aufwendungen des Beschäftigten, die auch in Zusammenhang mit der Beschäftigung stehen,

- als Waren oder Dienstleistungen, die vom Arbeitgeber nicht überwiegend für den Bedarf seiner Beschäftigten hergestellt, vertrieben oder erbracht werden und monatlich in Anspruch genommen werden können,

- als sonstige Sachbezüge, die monatlich gewährt werden, oder

- als vermögenswirksame Leistungen

3 vom Arbeitgeber erbracht werden.

Einmalig gezahltes Arbeitsentgelt ist in der Regel dem Entgeltabrechnungszeitraum zuzuordnen, in dem es gezahlt wird.

Zu Nr. 2: Für Tage mit gekürztem Arbeitsentgelt ist das ungekürzte Arbeitsentgelt zugrunde zu legen.

Zu Nr. 3: Nach den Ausführungen in der Begründung zum neuen MuSchG entspricht die Regelung den Vorgaben der Rechtsprechung des EuGH (Urteil vom 20.09.2007; Az.: C-116/06). Nach der darauf ausgerichteten Vollzugspraxis ist die Elternzeit aufzunehmen.

Nach der Rechtsprechung des EuGH darf es sich für die Frau nicht nachteilig auswirken, dass sie Elternzeit genommen hat. Um Nachteile wegen der Inanspruchnahme von Elternzeit zu vermeiden, wird zur Berechnung der Mutterschaftsleistungen grundsätzlich der Zeitraum vor der Elternzeit zugrunde gelegt. Hat die Frau jedoch in der Elternzeit (bis zu dem in der Elternzeit zulässigen Umfang von höchstens 30 Wochenstunden) Teilzeit gearbeitet, ist zu prüfen, ob die Berücksichtigung des daraus erzielten Teilzeitarbeitsentgelts zu höheren Leistungen führt. Dies kann beispielsweise dann der Fall sein, wenn die Frau vor der Elternzeit nicht oder nur in geringem Umfang gearbeitet hat. Nummer 3 regelt nunmehr ausdrücklich diese Günstigerprüfung, die in der Vollzugspraxis bereits bisher in Übereinstimmung mit dem EU-Recht durchgeführt wird.

Die Regelung der Nr. 3 setzt voraus, dass die Elternzeit beendet wurde. Wird die Elternzeit allerdings nicht beendet, ist § 22 Satz

2 MuSchG für die Berechnung des Arbeitsentgelts zu berücksichtigen.

§ 22 MuSchG bestimmt, dass während der Elternzeit Ansprüche auf Leistungen nach den §§ 18 und 20 MuSchG (Mutterschutzlohn und Zuschuss zum Mutterschaftsgeld) aus dem wegen der Elternzeit ruhenden Arbeitsverhältnisses ausgeschlossen sind. Um das Arbeitsverhältnis zu beenden und damit den Anspruch auf Leistungen nach den §§ 18 und 20 MuSchG wiederaufleben zu lassen, kann die Frau die Elternzeit vorzeitig beenden.

Für den Fall, dass die Frau während der Elternzeit eine Teilzeitarbeit ausübt, stellt Satz 2 des § 22 MuSchG klar, dass für die Berechnung der Leistungen nach den §§ 18 und 20 MuSchG (Mutterschutzlohn und Zuschuss zum Mutterschaftsgeld) nur das Arbeitsentgelt aus dieser Teilzeitarbeit zugrunde zu legen ist.

3

Dementsprechend kann die Frau, die in der Elternzeit zulässige Teilzeitarbeit leistet, einen Anspruch auf Leistungen nach den §§ 18 und 20 MuSchG haben, auch wenn sie die Elternzeit nicht unterbricht. Die Mutterschaftsleistungen werden dann ausschließlich auf Grundlage des während der Elternzeit erzielten Teilzeitarbeitsentgelts berechnet. Der oben zitierte § 21 Abs. 2 Nr. 3 MuSchG findet insoweit keine Anwendung. Hat die Frau eine Teilzeittätigkeit ausgeübt, die kürzer als die zur Berechnung des durchschnittlichen Arbeitsentgelts erforderlichen drei Monate war, erfolgt kein Rückgriff auf das Arbeitsentgelt, das vor der Elternzeit erzielt worden ist.

Vielmehr ist der Berechnung dann entsprechend § 22 Abs. 1 MuSchG der tatsächliche Zeitraum des Beschäftigungsverhältnisses bzw. nach § 22 Abs. 3 MuSchG das durchschnittliche kalendertägliche Arbeitsentgelt einer vergleichbar beschäftigten Person zugrunde zu legen.

Die Frau hat allerdings auch in diesen Fällen die Möglichkeit, ihre Elternzeit vorzeitig zu beenden. Dann werden ihre Mutterschaftsleistungen nach den Vorgaben des § 21 MuSchG (vgl. die obigen Ausführungen) grundsätzlich anhand des Arbeitsentgelts berechnet, das sie vor der Elternzeit bezogen hat.

Dauerhafte Verdienstkürzungen, die während oder nach Ablauf des Berechnungszeitraums eintreten und nicht auf einem mutterschutzrechtlichen Beschäftigungsverbot beruhen, wirken sich leistungsmindernd aus.

Eine Verdienstminderung in diesem Sinne liegt auch vor, wenn eine Frau verbotenerweise Akkordarbeit verrichtet, ohne dass sie von dem Verbot weiß und sie auf Zeitlohn umgesetzt wird. Bei Berechnung des Mutterschutzlohnes ist der Akkordlohn zu berücksichtigen.

3 Eine Frau, die an und für sich den Mutterschutzlohn beanspruchen könnte, ist zur Aufnahme einer erlaubten Arbeit verpflichtet, wenn diese nach den Gesamtumständen zumutbar ist. Allerdings braucht sie sich nicht selbst um eine solche – zumutbare – Arbeit zu bemühen. Sie kann sich diese vielmehr von ihrem Arbeitgeber nachweisen lassen. Lehnt eine Frau eine Arbeit der vorstehend erwähnten Art ab, so hat sie keinen Anspruch auf Zahlung des Mutterschutzlohnes.

Wichtig: Der gezahlte Mutterschutzlohn ist wie das „normale" Arbeitsentgelt steuer- und sozialversicherungspflichtig. Das weitergezahlte Entgelt wird demnach so behandelt, als ob es sich um „reguläres" Entgelt handeln würde.

Welche Zeiteinheit bei der Berechnung des Mutterschutzlohnes gilt, richtet sich nach der jeweiligen Lohnbemessung (Stunden-, Tage-, Wochen-, Monatslohn).

Der errechnete Gesamtbruttoverdienst ist durch die bezahlten Zeiteinheiten zu teilen. Dabei sind die Zeiten ohne Arbeitsentgelt und die Zeit unverschuldeter Verdienstkürzungen vom Divisor abzuziehen.

Es gilt hier folgende Formel:

Mutterschutzlohn/Zeiteinheit = Gesamtbruttoverdienst im Bezugszeitraum ÷ bezahlte Zeiteinheiten

Bei dem Gesamtbruttoverdienst handelt es sich um den Verdienst im arbeitsrechtlichen Sinne. Dazu gehören neben Lohn oder Gehalt alle laufend gezahlten Zulagen (z. B. Provisionen, Bedienungsgelder, Feiertags- und Urlaubsvergütungen), nicht aber einmalig gezahltes Arbeitsentgelt (vgl. dazu die obigen Ausführungen).

Anwesenheitsprämien sowie Zuschläge, die als Ersatz für tatsächliche Aufwendungen dienen, die infolge des Beschäftigungsverbots nicht entfallen, zählen ebenfalls dazu.

Der Begriff des Verdienstes deckt sich im Wesentlichen mit dem des Entgelts im Sinne des Lohnsteuer- und Sozialversicherungsrechts.

Beispiel:

3

> Wochenverdienst: 300 EUR
>
> 10 Wochen Arbeit – 3 Wochen Krankheit
>
> Gesamtverdienst: 3.000 EUR
>
> Mutterschutzlohn (3.000 : 10) = 300 EUR/Woche
>
> Wochenverdienst: 300 EUR
>
> 12 Wochen Arbeit
>
> 1 Woche unentschuldigt gefehlt
>
> Gesamtverdienst: 3.600 EUR
>
> Mutterschutzlohn (3.600 : 13) = 276,92 EUR/Woche

Leistet eine Frau in dem Bemessungszeitraum (vgl. dazu die obigen Ausführungen) für den Mutterschutzlohn Mehr-, Nacht- oder Sonntagsarbeit, so ist die Vergütung hierfür der Berechnung des Mutterschutzlohnes auch dann zugrunde zu legen, wenn sie erst später mit Lohnzahlungen außerhalb des Bemessungszeitraumes abgerechnet und ausgezahlt wird.

Wurden von einer Frau Arbeiten verrichtet, die an und für sich einem Beschäftigungsverbot unterliegen, weil ihr die Schwangerschaft nicht bekannt war, so wird der dabei erzielte Verdienst bei der Berechnung des Mutterschutzlohnes berücksichtigt. Das gilt auch dann, wenn nach Bekanntwerden der Schwangerschaft die Entlohnungsart gewechselt wurde.

Sachleistungen, die einen Teil des Verdienstes bilden, sind während der Beschäftigungsverbote weiterzugewähren. Kann die Frau die Sachleistungen nicht in Empfang nehmen, weil sie wegen eines Beschäftigungsverbotes mit der Arbeit aussetzt, sind die Sachleistungen vom Arbeitgeber in bar abzugelten. In der Fachliteratur wird teilweise die Auffassung vertreten, dass dies nach dem wirklichen Werte, also nicht nach der im Lohnsteuer- und Sozialversicherungsrecht geltenden Sozialversicherungsentgeltverordnung (SvEV) geschehen müsse. Dies ist allerdings nicht sehr praktikabel.

3 Rechtsgrundlage ist hier die bereits erwähnte SvEV. Sie wurde für 2018 durch die Zehnte Verordnung zur Änderung der SvEV geändert. Dadurch wurden die Sachbezugswerte für 2018 festgelegt.

Wichtig: Die Sachbezugswerte gelten – wie bereits erwähnt – nicht nur im Bereich der Sozialversicherung. Sie sind auch für die Berechnung der Einkommen- bzw. Lohnsteuer zu berücksichtigen.

Zeitlich gelten die neuen Werte für das Arbeitsentgelt, das den Entgeltabrechnungszeiträumen des Jahres 2018 zuzurechnen ist

Freie Verpflegung und Unterkunft

Die SvEV unterscheidet bei den Sachbezugswerten zwischen freier Verpflegung und Unterkunft. Dabei geht die Regelung bei der Festsetzung des Werts für Verpflegung davon aus, dass sich die Lebensverhältnisse in Deutschland so weit angeglichen haben, dass eine gesonderte Festsetzung für verschiedene Gruppen und Landesteile entbehrlich ist.

Bei der Unterkunft wird für Jugendliche bis zur Vollendung des 18. Lebensjahres und für Auszubildende – hier ohne Altersgrenze – eine Ausnahme gemacht. Eine weitere Ausnahme gilt für Beschäftigte, die in den Haushalt des Arbeitgebers aufgenommen oder in einer Gemeinschaftsunterkunft untergebracht sind. Der Wert der Sachbezüge für Verpflegung und Unterkunft zusammen beträgt 2018 monatlich 472 Euro.

Wichtig: Die Werte für Unterkunft und Verpflegung im Osten und Westen Deutschlands entsprechen sich.

Verpflegung

Die anzusetzenden Sachbezugswerte für Verpflegung betragen 2018:

- monatlich 246 Euro

- kalendertäglich 8,20 Euro

Um die Werte für einen Teil-Lohnzahlungszeitraum zu ermitteln (etwa bei Beschäftigungsbeginn oder -ende im Laufe des Monats), sind die ungerundeten Tagesbeträge mit der Anzahl der Kalendertage zu multiplizieren. Die Ergebnisse sind „normal" zu runden.

3

Teilweises Bereitstellen von freier Verpflegung

Wird Verpflegung teilweise zur Verfügung gestellt, sind monatlich anzusetzen:

- für Frühstück 52 Euro

- für Mittagessen 97 Euro

- für Abendessen 97 Euro

Freie Unterkunft

Der Wert einer Unterkunft beträgt monatlich 226 Euro. Für Jugendliche bis zur Vollendung des 18. Lebensjahres und für Auszubildende beläuft er sich auf 192,10 Euro monatlich (85 Prozent des für Erwachsene geltenden Wertes).

Müssen mehrere Beschäftigte gemeinsam einen Wohnraum benutzen, vermindert sich bei Belegung mit zwei Personen der für die Unterkunft maßgebende Wert um 40 Prozent, bei Belegung mit drei Personen um 50 Prozent und bei Belegung mit mehr als drei Personen um 60 Prozent.

Überlassung einer vollständigen Wohnung

Eine vollständige Wohnung ist mit dem ortsüblichen Mietpreis unter Berücksichtigung der sich aus der Lage der Wohnung zum Betrieb ergebenden Beeinträchtigungen zu bewerten. Ist im Einzelfall die Feststellung des ortsüblichen Mietpreises mit außergewöhnlichen Schwierigkeiten verbunden, kann die Wohnung mit 3,97 Euro/m^2 bewertet werden.

Bei einfacher Ausstattung (ohne Sammelheizung, Bad oder Dusche) sind 3,24 Euro/m^2 anzusetzen.

Bestehen gesetzliche Mietpreisbeschränkungen, sind die hierdurch festgelegten Mietpreise als Wert anzusetzen. Dies gilt auch für die vertraglichen Mietpreisbeschränkungen im sozialen Wohnungsbau, die nach den jeweiligen Förderrichtlinien der Länder für den betreffenden Förderjahrgang sowie für die mit Wohnungsfürsorgemitteln aus öffentlichen Haushalten geförderten Wohnungen vorgesehen sind. Für Energie, Wasser und sonstige Nebenkosten ist der übliche Preis am Abgabeort anzusetzen.

Wann von einer Wohnung bzw. einer Unterkunft auszugehen ist

Eine Wohnung ist eine abgeschlossene Einheit von Räumen, die sowohl mit einer Kochgelegenheit als auch mit Bad/Dusche/WC ausgestattet ist. Sie ermöglicht die selbstständige Haushaltsführung des Arbeitnehmers. Von einer Unterkunft ist dagegen immer dann auszugehen, wenn Räumlichkeiten keine selbstständige Haushaltsführung ermöglichen.

Entgelt bei Freistellungen, Untersuchungen und zum Stillen

Die Entgeltzahlung bei einer Freistellung für Untersuchungen und zum Stillen regelt § 23 MuSchG. In Absatz 1 dieser Vorschrift heißt es, dass durch die Gewährung der Freistellung nach § 7 MuSchG (Freistellung für Untersuchungen und zum Stillen; vgl. dazu die Ausführungen im Abschnitt „Arbeitszeitlicher Gesundheitsschutz" im Kapitel 1) bei der schwangeren oder stillenden Frau kein Entgeltausfall eintreten darf.

Wichtig: Freistellungszeiten sind weder vor- noch nachzuarbeiten. Sie werden nicht auf Ruhepausen angerechnet, die im ArbZG oder in anderen Vorschriften festgelegt sind.

Der Auftraggeber oder Zwischenmeister hat einer in Heimarbeit beschäftigten Frau und der ihr Gleichgestellten für die Stillzeit ein Entgelt zu zahlen, das nach der Höhe des durchschnittlichen Stundenentgelts für jeden Werktag zu berechnen ist. Ist eine Frau für mehrere Auftraggeber oder Zwischenmeister tätig, haben diese das Entgelt zu gleichen Teilen für die Stillzeit zu zahlen. Auf das Entgelt finden die Vorschriften der §§ 23 bis 25 des Heimarbeitsgesetzes über den Entgeltschutz Anwendung.

Mutterschaftsgeld

Grundsätze

BILD: Anspruch auf Mutterschaftsgeld

Der Anspruch auf Mutterschaftsgeld nach dem MuSchG wird in § 19 geregelt. Der Anspruch aus der gesetzlichen Krankenversicherung wird in § 24i SGB V bestimmt. Diese Vorschrift wird durch das Gesetz zur Neuregelung des Mutterschutzrechts mit Wirkung ab 01.01.2018 erheblich geändert.

3

Mutterschaftsgeld nach dem MuSchG

§ 19 MuSchG unterscheidet zwei Gruppen von Frauen, nämlich die,

- die Mitglied einer gesetzlichen Krankenkasse sind und

- die nicht Mitglied einer gesetzlichen Krankenkasse sind.

Nach § 19 Abs. 1 MuSchG erhält eine Frau, die Mitglied einer gesetzlichen Krankenkasse ist, für die Zeit der Schutzfristen vor und nach der Entbindung sowie für den Entbindungstag Mutterschaftsgeld nach den Vorschriften des SGB V oder nach den Vorschriften des Zweiten Gesetzes über die Krankenversicherung der Landwirte (KVLG 1989).

Eine Frau, die nicht Mitglied einer gesetzlichen Krankenkasse ist, erhält ebenfalls für die Zeit der Schutzfristen vor und nach der Entbindung sowie für den Entbindungstag Mutterschaftsgeld zu Lasten des Bundes in entsprechender Anwendung der Vorschriften des SGB V über das Mutterschaftsgeld, jedoch insgesamt höchstens 210 Euro.

Das Mutterschaftsgeld nach § 19 Abs. 2 MuSchG wird als das Mutterschaftsgeld des MuSchG bezeichnet.

Das Mutterschaftsgeld wird diesen Frauen auf Antrag vom Bundesversicherungsamt (BVA), Villemombler Straße 76, 53123 Bonn gezahlt.

Das BVA hat ein Merkblatt für die Zahlung von Mutterschaftsgeld herausgegeben. Endet das Beschäftigungsverhältnis nach Maßgabe von § 17 Abs. 2 MuSchG durch eine Kündigung, erhält die Frau Mutterschaftsgeld in entsprechender Anwendung der vorstehenden Grundsätze für die Zeit nach dem Ende des Beschäftigungsverhältnisses.

3 § 17 Abs. 2 MuSchG sieht vor, dass die Aufsichtsbehörde ausnahmsweise die Kündigung für zulässig erklären kann.

Auch in Heimarbeit beschäftigte Frauen haben im Falle der Beendigung des Beschäftigungsverhältnisses nach § 16 Abs. 2 i. V. m. § 16 Abs. 3 Satz 3 MuSchG Anspruch auf Mutterschaftsgeld. Voraussetzung ist auch hier, dass die Beschäftigung in Heimarbeit bei Beginn der Schutzfrist vor der Entbindung noch besteht oder während der Schwangerschaft oder Schutzfrist nach der Entbindung zulässig durch den Auftraggeber oder Zwischenmeister aufgelöst wird (nach ausnahmsweiser Zulassung durch die Aufsichtsbehörde; § 17 Abs. 3 MuSchG, vgl. den Abschnitt „Aufsichtsbehörden" in Kapitel 4).

Wird die Beschäftigung in Heimarbeit durch den Auftraggeber oder Zwischenmeister zulässig aufgelöst, ist ein Anspruch auf Mutterschaftsgeld gegeben. Das gilt auch für Personen, die den in Heimarbeit Beschäftigten gleichgestellt sind.

Es ist hier zu beachten, dass § 1 Abs. 2 MuSchG verschiedene Personengruppen vom Anspruch auf Mutterschaftsgeld, d. h. von der Anwendung des § 19 MuSchG, ausschließt. Zunächst geht es hier um Frauen, die als Entwicklungshelferinnen im Sinne des Enwicklungshelfer-Gesetzes (EhfG) tätig sind. Angesprochen sind hier auch Schülerinnen und Studentinnen, soweit die Ausbildungsstelle Ort, Zeit und Ablauf der Ausbildungsveranstaltung verpflichtend vorgibt oder die ein im Rahmen der schulischen oder hochschulischen Ausbildung verpflichtend vorgegebenes Praktikum ableisten.

Ausgeschlossen ist auch die Anwendung des § 19 Abs. 2 MuSchG für Frauen, die wegen ihrer wirtschaftlichen Unselbstständigkeit als arbeitnehmerähnliche Person anzusehen sind (vgl. dazu die noch folgenden Ausführungen).

Endet das Beschäftigungsverhältnis nach Zustimmung der Aufsichtsbehörde zur Kündigung durch eine Kündigung, erhält die Frau Mutterschaftsgeld in entsprechender Anwendung der vorstehenden Regeln für die Zeit nach dem Ende des Beschäftigungsverhältnisses.

Mutterschaftsgeld der gesetzlichen Krankenversicherung

3

Das Mutterschaftsgeld der allgemeinen gesetzlichen Krankenversicherung wird unterschieden in:

- Mutterschaftsgeld in Höhe des Nettoarbeitsentgelts
- Mutterschaftsgeld in Höhe des Krankengelds

Das Mutterschaftsgeld in Höhe des Nettoarbeitsentgelts wird auch als reguläres Mutterschaftsgeld bezeichnet.

Das Mutterschaftsgeld wird ohne Rücksicht darauf gewährt, ob die Versicherte stationär behandelt wird oder nicht.

Der Anspruch auf Mutterschaftsgeld ruht, soweit und solange das Mitglied beitragspflichtiges Arbeitsentgelt oder Arbeitseinkommen erhält. Das gilt nicht für einmalig gezahltes Arbeitsentgelt.

Wer bekommt das reguläre Mutterschaftsgeld?

Mutterschaftsgeld erhalten weibliche Mitglieder der gesetzlichen Krankenversicherung, die bei Beginn der Schutzfrist vor der Entbindung

- in einem Arbeitsverhältnis oder
- in Heimarbeit beschäftigt sind oder
- deren Arbeitsverhältnis während ihrer Schwangerschaft oder während der Schutzfrist nach der Entbindung durch Genehmigung der zuständigen Behörde aufgelöst worden ist.

Das Gesetz fordert das Bestehen einer Mitgliedschaft in der gesetzlichen Krankenversicherung als Voraussetzung für das Mutterschaftsgeld. Es ist nicht notwendig, dass eine Pflichtmitgliedschaft vorliegt.

Wichtig: Ein Familienversicherungsverhältnis reicht nicht aus.

Ist die betreffende Frau beispielsweise wegen Überschreitens der Jahresarbeitsentgeltgrenze nicht krankenversichert, hat sie sich aber freiwillig gesetzlich versichert, kann trotzdem Anspruch auf reguläres Mutterschaftsgeld bestehen. Dabei ist es vollkommen gleichgültig, ob die freiwillige Versicherung als Fortsetzung einer Pflichtmitgliedschaft begründet wurde oder es sich z. B. um die freiwillige Versicherung einer Frau handelt, die wegen der geringen Höhe ihres Entgelts versicherungsfrei ist.

Stellt sich bei Vorlage der entsprechenden Bescheinigung vor der Schutzfrist heraus, dass die Betreffende nicht versichert ist, ist sie dies aber sechs Wochen vor der tatsächlichen Entbindung, hat sie Anspruch auf Mutterschaftsgeld, wenn die übrigen Voraussetzungen erfüllt sind.

Das gilt auch, wenn es sich um das Vorliegen eines Arbeitsverhältnisses handelt.

Wichtig: Art und Umfang des Arbeitsverhältnisses spielen für die Begründung des Anspruchs auf Mutterschaftsgeld keine Rolle. Auch vorübergehende und geringfügig entlohnte Beschäftigungen gelten deshalb als Arbeitsverhältnisse.

Es ist für den Anspruch auf Mutterschaftsgeld auch ohne Bedeutung, wenn es sich bei dem zu Beginn der Schutzfrist bestehenden Arbeitsverhältnis um ein befristetes handelt. Der spätere Wegfall des Arbeitsverhältnisses lässt den einmal entstandenen Anspruch unberührt.

Für Mitglieder, deren Arbeitsverhältnis während der Mutterschutzfristen vor oder nach der Geburt beginnt, wird das Mutterschaftsgeld von Beginn des Arbeitsverhältnisses an gezahlt.

Das Gesetz zur Stärkung der Versorgung in der gesetzlichen Krankenversicherung (GKV-Versorgungsstärkungsgesetz – GKV-VSG) hat mit Wirkung seit 23.07.2015 § 24i Abs. 1 SGB V ergänzt und so den Kreis der Anspruchsberechtigten für das Mutterschaftsgeld erweitert. Die Bundesregierung begründete diesen Entschluss damit, dass bisher die Rechtslage in Fällen, in denen ein Beschäftigungsverhältnis am Tag vor Beginn der Schutzfrist vor der Entbindung endete (sechs Wochen), nicht geklärt war.

Um die soziale Absicherung der betroffenen Schwangeren sicherzustellen, wurde nun klargestellt, dass auch in den Fällen ein Anspruch auf Mutterschaftsgeld besteht, in denen Frauen mit Beginn der Schutzfrist nicht mehr Mitglied der gesetzlichen Krankenversicherung mit Anspruch auf Mutterschaftsgeld sind.

Diese Rechtslage führt dazu, dass die Mitgliedschaft aufgrund des sich nahtlos an das Ende der versicherungspflichtigen Beschäftigung anschließenden Anspruchs auf Mutterschaftsgeld nach § 192 Abs. 1 Nr. 2 SGB V erhalten bleibt. Bei Frauen, die zuletzt während der Beschäftigung freiwilliges Mitglied waren, beinhaltet die über das Ende des Arbeitsverhältnisses fortbestehende freiwillige Mitgliedschaft ebenfalls einen Anspruch auf Mutterschaftsgeld.

3

Im Übrigen wird der Anspruch auf Mutterschaftsgeld ausdrücklich auch auf diejenigen Frauen erstreckt, die zu Beginn der Mutterschutzfrist allein deshalb keinen Anspruch auf Mutterschaftsgeld haben, weil ihr Anspruch auf Arbeitslosengeld nach § 157 SGB III (Sozialgesetzbuch Drittes Buch – Arbeitsförderung) wegen einer Sperrzeit ruht und eine Mitgliedschaft mit einem Krankengeldanspruch nicht begründet werden kann.

Der Anspruch auf Mutterschaftsgeld ruht, solange Anspruch auf Arbeitsentgelt, Arbeitseinkommen oder Urlaubsabgeltung besteht. Das gilt nicht für einmalig gezahltes Arbeitsentgelt (z. B. Weihnachtsgratifikation).

Das Gesetz zur Neuregelung des Mutterschutzrechts hat mit Wirkung seit 01.01.2018 mehrere Vorschriften des § 24i SGB V geändert. Angesprochen sind die Absätze 1 bis 3 des § 24i SGB V.

Höhe des Mutterschaftsgelds

Als Mutterschaftsgeld wird das um die gesetzlichen Abzüge verminderte durchschnittliche kalendertägliche Arbeitsentgelt der letzten drei abgerechneten Kalendermonate vor Beginn der Schutzfrist vor der Entbindung gezahlt. Bei wöchentlicher Abrechnung sind die letzten 13 abgerechneten Wochen maßgebend.

Die Berechnung des Mutterschaftsgelds der gesetzlichen Krankenkassen erfolgt in gleicher Weise wie die Berechnung des Mutterschaftsgelds nach dem Mutterschutzgesetz, des Zuschusses zum
Mutterschaftsgeld und des Mutterschutzlohnes.

Praxis-Tipp:

Die Verdienstbescheinigung wird heute vom Arbeitgeber
elektronisch an die zuständige Krankenkasse übermittelt. Das
hat mittels gesicherter und verschlüsselter Datenübertragung
aus systemgeprüften Programmen mit elektronischen Aus-
füllhilfen zu erfolgen. Einzelheiten werden in den Richtlinien
geregelt.

§ 21 MuSchG beschäftigt sich mit der Ermittlung des durchschnittlichen Arbeitsentgelts. Diese Regelungen haben auch Bedeutung
für

- die Berechnung des Mutterschutzlohnes und

- die Berechnung des Zuschusses zum Mutterschaftsgeld.

Vgl. zur Ermittlung des durchschnittlichen Arbeitsentgelts die Ausführungen im vorhergehenden Abschnitt „Mutterschutzlohn".

Dauer des Anspruchs auf Mutterschaftsgeld

Das Mutterschaftsgeld wird gewährt für:

- sechs Wochen vor der voraussichtlichen Entbindung

- acht Wochen nach der Entbindung

- zwölf Wochen nach der Entbindung bei Mehrlingsgeburten
  und Frühgeburten sowie bei behinderten Kindern

Bei einer Frühgeburt und sonstiger vorzeitiger Entbindung verlängert sich die Schutzfrist und damit auch die Dauer des Anspruchs
auf Mutterschaftsgeld nach der Entbindung um den Zeitraum, der
vor der Entbindung nicht in Anspruch genommen werden konnte.

Beispiele: _____

Voraussichtlicher Entbindungstag	= 24.06.
Anspruchsbeginn auf Mutterschaftsgeld (auch: Beginn der Schutzfrist vor der Entbindung)	= 13.05.
Letzter Arbeitstag	= 12.05.
Entbindungstag (Frühgeburt)	= 25.05.
Damit vor der Entbindung nur in Anspruch genommen	= 12 Tage
Nicht in Anspruch genommen	= 30 Tage
Zwölf-Wochen-Frist	= 26.05.– 17.08.
Verlängerung um 30 Tage	= 18.08.– 16.09.
Voraussichtlicher Entbindungstag	= 24.06.
Anspruchsbeginn auf Mutterschaftsgeld (auch: Beginn der Schutzfrist vor der Entbindung)	= 13.05.
Letzter Arbeitstag	= 09.05.
Entbindungstag (Frühgeburt)	= 10.05.
Damit vor der Entbindung nur in Anspruch genommen	= 0 Tage
Nicht in Anspruch genommen	= 42 Tage
Zwölf-Wochen-Frist	= 11.05.– 02.08.
Verlängerung um 42 Tage	= 03.08.– 13.09.

3

Wichtig: Die Daten in den beiden Beispielen können entsprechend für Frauen angewandt werden, die bei Beginn der Schutzfrist vor der Entbindung

■ arbeitsunfähig waren (Krankengeldbezug oder Entgeltfortzahlung),

■ bezahlten oder unbezahlten Urlaub hatten,

■ als Arbeitslose gesetzlich krankenversichert waren (gilt auch für Bezieherinnen von Arbeitslosengeld II).

In Tagen berechnet beläuft sich die Anspruchsdauer auf Mutterschaftsgeld

- vor der Entbindung auf 42 Tage,

- für den Entbindungstag auf einen Tag,

- nach der Entbindung auf 56 Tage (keine Früh- oder Mehr-
  lingsgeburt bzw. behinderter Kinder),
  zusammen also auf 99 Tage,

- bei einer Frühgeburt und sonstigen vorzeitigen Entbindung
  oder bei einer Geburt von mehr als einem Kind oder bei
  einem behinderten Kind besteht nach der Entbindung der
  Anspruch auf 84 Tage,
  zusammen also auf 127 Tage.

3

Bei Geburten nach dem voraussichtlichen Tag der Entbindung verlängert sich die Bezugsdauer vor der Geburt entsprechend.

Wichtig: Für die Zahlung des Mutterschaftsgelds vor der Entbindung ist das Zeugnis eines Arztes oder einer Hebamme maßgebend, in dem der voraussichtliche Entbindungstag angegeben
ist.

Dieses Zeugnis über den voraussichtlichen Entbindungstermin
darf frühestens eine Woche vor Beginn der Schutzfrist ausgestellt
werden. Das sind frühestens 49 Kalendertage vor dem voraussichtlichen Entbindungstag.

Praxis-Tipp:

Die Ärzte und Hebammen verwenden für dieses Zeugnis
einen Vordruck, der auf Bundesebene mit den gesetzlichen
Krankenkassen vereinbart worden ist. In Zusammenhang mit
der Ausstellung des Zeugnisses fallen für die versicherte Frau
keine Kosten an.

Mutterschaftsgeld in Höhe des Krankengelds

Krankenversicherte Frauen, denen kein Anspruch auf Mutterschaftsgeld in Höhe des Nettoarbeitsentgelts zusteht, erhalten
Mutterschaftsgeld von ihrer gesetzlichen Krankenkasse in Höhe
des Krankengelds.

Das Gesetz spricht hier von „anderen Mitgliedern". Andere Mitglieder in diesem Sinne sind Frauen, die zwar nicht bei Beginn der Schutzfrist in einem Arbeitsverhältnis standen, bei Arbeitsunfähigkeit aber aus ihrem Versicherungsverhältnis Anspruch auf Krankengeld haben (Nicht- Arbeitnehmerinnen).

Zu den Nicht-Arbeitnehmerinnen gehören:

- freiwillig Versicherte, die mit Anspruch auf Krankengeld versichert sind

- Bezieherinnen von Leistungen aus der Arbeitslosenversicherung

3

- selbstständige Künstlerinnen und Publizistinnen

- Teilnehmerinnen an Maßnahmen zur Teilhabe am Arbeitsleben

- behinderte Frauen

- Antragstellerinnen auf eine Rente aus der gesetzlichen Rentenversicherung, sofern gleichzeitig beitragspflichtiges Arbeitseinkommen (aus selbstständiger Tätigkeit) bezogen wird

- Bezieherinnen von Rente wegen Erwerbsminderung

- Personen, die keinen anderweitigen Anspruch auf Absicherung im Krankheitsfall haben, wenn sie selbstständig oder nur geringfügig beschäftigt sind

Besteht nach dem voraussichtlichen Entbindungstermin kein Anspruch auf Mutterschaftsgeld in Höhe des Nettoarbeitsentgelts, sondern nur in Höhe des Krankengelds, wird, wenn sich bei Kenntnis des wirklichen Entbindungstermins etwas anderes ergibt, der tatsächlich bestehende Anspruch auf Mutterschaftsgeld in Höhe des Nettoarbeitsentgelts realisiert

Das Gleiche gilt, wenn sich erst nach der Entbindung herausstellt, dass ein Mutterschaftsgeldanspruch in Höhe des Krankengelds besteht.

Praxis-Tipp:
Das Mutterschaftsgeld in Höhe des Krankengelds wird für den gleichen Zeitraum gewährt wie das Mutterschaftsgeld in Höhe des Nettoarbeitsentgelts.

Die zeitliche Anspruchsvoraussetzung auf Mutterschaftsgeld in Höhe des Nettoarbeitsentgelts gilt auch für das Mutterschaftsgeld in Höhe des Krankengelds.

Wie wird das Mutterschaftsgeld in Höhe des Krankengelds berechnet?

Die Berechnung erfolgt wie beim Krankengeld. Maßgebend für die Berechnung ist das Arbeitsentgelt, das von der Versicherten im letzten Abrechnungszeitraum vor der Schutzfrist (vor der Entbindung) erzielt wird. Der Bemessungszeitraum muss mindestens vier Wochen umfassen, ist aber kürzer, wenn das Beschäftigungsverhältnis nicht so lange besteht.

Wichtig: Einmalig gezahltes Arbeitsentgelt (z. B. Weihnachtsgeld) ist anteilig zu berücksichtigen. Zum kalendertäglichen Arbeitsentgelt wird nämlich der 360. Teil des in den letzten zwölf Kalendermonaten vor Schutzfristbeginn erzielten einmalig gezahlten Arbeitsentgelts hinzugerechnet.

Das ermittelte Entgelt ist durch die Zahl der Stunden zu teilen, für die es erzielt wurde. Dies ergibt den Stundenlohn. Danach sind die regelmäßigen wöchentlichen Arbeitsstunden zu ermitteln und mit dem Stundenlohn zu vervielfachen. Das Ergebnis wird durch sieben geteilt.

Wurde das Arbeitsentgelt nach Monaten bemessen oder ist eine Berechnung nach Vorstehendem nicht möglich, ist das Bruttoarbeitsentgelt durch 30 zu teilen.

Das ermittelte Zwischenergebnis wird als Regelentgelt bezeichnet. Es darf den kalendertäglichen Betrag der Beitragsbemessungsgrenze zur Krankenversicherung nicht überschreiten. 2018 sind das 147,50 Euro. 70 Prozent des Regelentgelts stellt das kalendertägliche Krankengeld dar. 2018 sind das höchstens 103,25 Euro. Das Krankengeld darf allerdings 90 Prozent des Nettoentgelts nicht übersteigen.

Praxis-Tipp:
Für Arbeitslose wird das Mutterschaftsgeld in Höhe der Leistung der Agentur für Arbeit gezahlt. Das gilt allerdings nicht für Bezieherinnen von Arbeitslosengeld II.

Mutterschaftsgeld der landwirtschaftlichen Krankenversicherung

§ 14 KVLG 1989 sieht in seinem Absatz 1 vor, dass an bestimmte Mitglieder der landwirtschaftlichen Krankenversicherung Mutterschaftsgeld nach § 24i SGB V gewährt wird. Dabei handelt es sich um

- versicherungspflichtige mitarbeitende Familienangehörige, die rentenversicherungspflichtig sind, und

- sonstige Mitglieder, die die Voraussetzungen des § 24i Abs. 2 SGB V (vgl. die obigen Ausführungen) erfüllen.

Mutterschaftsgeld in Höhe des Krankengelds erhalten unter den Voraussetzungen des § 24i Abs. 3 und 4 SGB V

- versicherungspflichtig mitarbeitende Familienangehörige, die rentenversicherungspflichtig sind, jedoch die Voraussetzungen für den Bezug des Mutterschaftsgelds nach § 24i Abs. 2 SGB V nicht erfüllen,

- mitarbeitende Familienangehörige, die nicht rentenversicherungspflichtig sind, und

- arbeitslose Personen.

Besonderheiten bestehen in Zusammenhang mit der Leistung „Betriebshilfe" der landwirtschaftlichen Krankenversicherung (§ 9 KVLG 1989). Diese Leistung wird nämlich anstelle von Krankengeld oder Mutterschaftsgeld erbracht.

Im Übrigen gelten bezüglich der Leistungen der landwirtschaftlichen Krankenversicherung im Wesentlichen die Bestimmungen des SGB V (§ 8 KVLG 1989).

Zuschuss zum Mutterschaftsgeld

Grundsätze

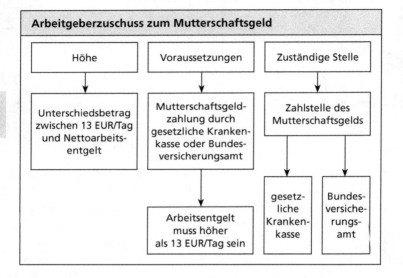

§ 20 MuSchG enthält die Regelungen über den Zuschuss zum Mutterschaftsgeld. Danach erhält eine Frau während ihres bestehenden Beschäftigungsverhältnisses für die Zeit der Schutzfristen

- vor und

- nach

der Entbindung sowie für den

- Entbindungstag

von ihrem Arbeitgeber einen Zuschuss zum Mutterschaftsgeld.

Als Zuschuss zum Mutterschaftsgeld wird der Unterschiedsbetrag zwischen 13 Euro und dem um die gesetzlichen Abzüge verminderten durchschnittlichen kalendertäglichen Arbeitsentgelt der letzten drei abgerechneten Kalendermonate vor Beginn der Schutzfrist vor der Entbindung gezahlt. Einer Frau, deren Beschäftigungsverhältnis während der Schutzfrist vor und nach der Entbindung beginnt, wird der Zuschuss zum Mutterschaftsgeld vom Beginn des Beschäftigungsverhältnisses an gezahlt.

BILD: Arbeitgeberzuschuss zum Mutterschaftsgeld

Beispiel:

Der Berechnung des Mutterschaftsgelds für eine Arbeitnehmerin liegt ein kalendertägliches Nettoarbeitsentgelt von 49 Euro zugrunde. Gezahlt wird ein kalendertägliches Mutterschaftsgeld von 13 Euro (Höchstbetrag). Der Differenzbetrag zum Nettoarbeitsentgelt beläuft sich auf 36 Euro. Dieser Betrag ist vom Arbeitgeber kalendertäglich während der Mutterschutzfristen als Zuschuss zum Mutterschaftsgeld zu zahlen.

3

Obwohl der Anspruch auf das Mutterschaftsgeld nach dem Mutterschutzgesetz insgesamt 210 Euro beträgt, wird bei der Berechnung des Zuschusses von einem Mutterschaftsgeld von kalendertäglich 13 Euro ausgegangen.

Praxis-Tipp:
Der Zuschuss des Arbeitgebers unterliegt nicht der Lohnsteuerpflicht und damit auch nicht der Beitragspflicht zur Sozialversicherung.

Ein Anspruch auf den Zuschuss besteht nicht, wenn während der Elternzeit eine neue Schutzfrist bei weiterer Schwangerschaft beginnt. Für den nach Ende der Elternzeit verbleibenden Zeitraum der Schutzfristen besteht jedoch ein Zuschussanspruch.

Achtung: Wird die Steuerklasse nur deshalb geändert, um einen höheren Zuschuss aufgrund eines höheren Nettoarbeitsverdienstes zu erhalten, ist eine solche Änderung unzulässig.

Die Ermittlung des durchschnittlichen Arbeitsentgelts (§ 21 MuSchG) erfolgt in gleicher Weise wie bei der Berechnung des Mutterschutzlohnes und des Mutterschaftsgelds.

Mehrere Beschäftigungsverhältnisse

Ist eine Frau für mehrere Arbeitgeber tätig, sind für die Berechnung des Arbeitgeberzuschusses die durchschnittlichen kalendertäglichen Arbeitsentgelte aus diesen Beschäftigungsverhältnissen zusammenzurechnen. Den sich daraus ergebenden Betrag zahlen die Arbeitgeber anteilig im Verhältnis der von ihnen gezahlten durchschnittlichen kalendertäglichen Arbeitsentgelte.

Ende des Beschäftigungsverhältnisses

3 Frauen, deren Arbeitsverhältnis während ihrer Schwangerschaft oder während der Schutzfrist nach der Entbindung mit Zustimmung der zuständigen Behörde aufgelöst worden ist, erhalten bis zum Ende dieser Schutzfrist den Zuschuss zulasten des Bundes von der für die Zahlung des Mutterschaftsgelds zuständigen Stelle (§ 20 Abs. 6 MuSchG).

Erlaubt ist die Auflösung des Arbeitsverhältnisses aber auch dann, wenn die zuständige Arbeitsschutzbehörde die Kündigung zulässt. Um einen solchen Fall handelt es sich z. B., wenn die Frau im Geschäft des Arbeitgebers beim Ladendiebstahl erwischt wird.

Wichtig: Wird allerdings ein befristetes Arbeitsverhältnis durch Zeitablauf beendet, besteht kein Zuschussanspruch für die Zeit nach der Beendigung. Endet in einem solchen Fall der Zuschussanspruch gegen den Arbeitgeber, können keine weiteren Ansprüche gegen eine andere Stelle geltend gemacht werden.

Der Arbeitgeberzuschuss wird in solchen Fällen von der Stelle gezahlt, die für die Zahlung des Mutterschaftsgelds zuständig ist. Bei gesetzlich krankenversicherten Frauen ist dies die gesetzliche Krankenkasse, ansonsten ist das BVA zuständig.

Die gesetzliche Krankenkasse zahlt den Zuschuss zulasten des Bundes und erhält die verauslagten Beträge vom BVA erstattet.

Für die Dauer einer rechtmäßigen Aussperrung besteht kein Anspruch auf den Zuschuss des Arbeitgebers zum Mutterschaftsgeld.

Ist der Arbeitgeber wegen eines Insolvenzereignisses zahlungsunfähig, wird der Zuschuss ebenfalls von der gesetzlichen Krankenkasse bzw. dem Bundesversicherungsamt gezahlt.

Wichtig: Ein Arbeitgeberzuschuss kommt für die Zeit nicht infrage, in der Elternzeit genommen wird. Wird allerdings eine zulässige Teilzeitarbeit geleistet, besteht ein Zuschussanspruch, wie im Abschnitt „Mutterschaftsgeld" erläutert.

Sonderfälle

Fortbestehen des Erholungsurlaubs

Mit dem Fall eines Erholungsurlaubs bei einem Beschäftigungsverbot beschäftigt sich § 24 MuSchG.

Danach gelten für den Anspruch auf bezahlten Erholungsurlaub und dessen Dauer die Ausfallzeiten wegen mutterschutzrechtlichen Beschäftigungsverbots als Beschäftigungszeiten. Hat die Frau ihren Urlaub vor Beginn des Beschäftigungsverbots nicht oder nicht vollständig erhalten, kann sie nach Ablauf der Fristen den Resturlaub im laufenden oder im nächsten Urlaubsjahr beanspruchen.

Beschäftigung nach dem Ende des Beschäftigungsverbots

§ 25 MuSchG beschäftigt sich mit dem Ende eines Beschäftigungsverbots im Sinne von § 2 Abs. 3 MuSchG. Danach ist ein Beschäftigungsverbot im Sinne des MuSchG nur ein Beschäftigungsverbot nach den §§

- 3 bis 6 MuSchG (Schutzfristen vor und nach der Entbindung, Verbot der Mehrarbeit, Ruhezeit, Verbot der Nachtarbeit, Verbot der Sonn- und Feiertagsarbeit),

- 10 Abs. 3 MuSchG (eine schwangere oder stillende Frau darf nur Tätigkeiten ausüben, für die der Arbeitgeber die erforderlichen Schutzmaßnahmen getroffen hat),

- 13 Abs. 1 Nr. 3 MuSchG (Arbeitgeber kann unverantwortbare Gefährdungen für die schwangere oder stillende Frau weder durch Schutzmaßnahmen noch durch einen Arbeitsplatzwechsel ausschließen – er darf die schwangere oder stillende Frau nicht weiter beschäftigen) und

- 16 MuSchG (ärztliches Beschäftigungsverbot für Zeiten vor und nach der Entbindung).

Zu beachten ist hier, dass für in Heimarbeit Beschäftigte und ihnen Gleichgestellte an die Stelle des Beschäftigungsverbots das Verbot der Ausgabe tritt. Für eine Frau, die wegen ihrer wirtschaftlichen Unselbstständigkeit als arbeitnehmerähnliche Person anzusehen ist, tritt an die Stelle des Beschäftigungsverbots die Befreiung von der vertraglich vereinbarten Leistungspflicht.

§ 25 MuSchG schreibt ausdrücklich vor, dass eine Frau nach dem Ende des maßgebenden Beschäftigungsverbots das Recht hat, entsprechend den vertraglich vereinbarten Bedingungen beschäftigt zu werden.

3 Weitere Leistungen der gesetzlichen Krankenversicherung bei Schwangerschaft und Mutterschaft

Leistungen bei Schwangerschaft und Mutterschaft
Sachleistungen:
■ ärztliche Betreuung, auch: – Untersuchungen zur Feststellung der Schwangerschaft und zur Schwangerenvorsorge   – Beratung der Schwangeren zur Bedeutung der Mundgesundheit von Mutter und Kind
■ Arznei- und Verbandmittel
■ Heilmittel
■ stationäre Entbindung
■ häusliche Pflege
■ Haushaltshilfe
Geldleistung:
■ Mutterschaftsgeld (vgl. vorigen Abschnitt)

Die Vorschriften über die Leistungen der gesetzlichen Krankenversicherung bei Schwangerschaft und Mutterschaft werden seit 01.01.2013 im Sozialgesetzbuch – Fünftes Buch (SGB V) – behandelt, und zwar in den §§ 24c bis 24i. Vorher waren die Regelungen in der Reichsversicherungsordnung (RVO) enthalten.

Für den Anspruch nach dem SGB V ist es zunächst gleichgültig, ob die Frau Ansprüche aus der Familienversicherung oder aus eigener Versicherung hat. Aus eigener Versicherung bestehen Ansprüche für versicherungspflichtige Arbeitnehmerinnen, Rentnerinnen, Arbeitslose, Studentinnen usw.

Gleiches gilt für freiwillig Versicherte. Es ist dabei gleichgültig, ob die freiwillige Versicherung begründet wurde, weil die Frau wegen der Höhe ihres Arbeitsentgelts nicht krankenversicherungspflichtig ist, oder ob es sich um eine Hausfrau handelt, die seit Beendigung ihrer Arbeitnehmerinnentätigkeit freiwillig weiterversichert ist.

3

Die Spitzenorganisationen der Krankenversicherung haben in einem Gemeinsamen Rundschreiben vom 21. 03. 2014 zusammenfassend zu den Leistungen der Krankenkassen bei Schwangerschaft und Mutterschaft Stellung genommen.

Wer ist familienversichert?

Ansprüche aus der Familienversicherung haben Ehegatten und Kinder sowie Kinder von familienversicherten Kindern. Sie sind berechtigt, aus der Familienversicherung eigene Ansprüche zu stellen, wenn sie das 15. Lebensjahr vollendet haben.

Voraussetzung für die Familienversicherung ist, dass die betroffenen Personen nicht selbst versichert sind (z.B. freiwillig versichert). Sie dürfen auch nicht versicherungsfrei sein, etwa als Beamtinnen. Die Versicherungsfreiheit als geringfügig Beschäftigte zählt hier allerdings nicht.

Beispiel:

Eine als Ehefrau familienversicherte Hausfrau übt eine geringfügige Beschäftigung aus.

Sie ist wegen Geringfügigkeit ihrer Beschäftigung versicherungsfrei. Deshalb hat sie Leistungsansprüche aus der Familienversicherung. Dazu gehören auch solche anlässlich Schwangerschaft und Mutterschaft.

Wie bereits erwähnt, hat eine krankenversicherungsfreie Beamtin keine Ansprüche aus der Familienversicherung ihres Ehemannes. Das gilt auch während der Elternzeit.

Wichtig: Sind jedoch keine Beihilfeansprüche der Beamtin mehr vorhanden, ist ein Anspruch aus der Familienversicherung gegeben.

Ist eine Frau versicherungsfrei gesetzlich krankenversichert, weil ihr Entgelt die Jahresarbeitsentgeltgrenze übersteigt, hat sie selbstverständlich keine Ansprüche aus der Familienversicherung ihres krankenversicherten Ehemannes. Fällt aber während der Elternzeit dieses Entgelt weg, ist der Grund für die Versicherungsfreiheit nicht mehr gegeben. In diesem Fall besteht ein Anspruch aus der Familienversicherung.

3

Besonderheiten des Europäischen Sozialrechts

Weitere Voraussetzung für den Anspruch aus der Familienversicherung ist, dass die betreffenden Angehörigen ihren Wohnsitz oder gewöhnlichen Aufenthalt im Inland haben. Zu beachten ist das europäische Sozialrecht, das für Angehörige der Mitgliedstaaten des Europäischen Wirtschaftsraums eine Gebietsgleichstellung vorsieht. Der Anspruch aus der deutschen Familienversicherung wird nicht dadurch beeinträchtigt, dass der deutsche Familienangehörige einem anderen Mitgliedstaat des Europäischen Wirtschaftsraums angehört und sich dort aufhält.

Außerdem sind verschiedene Sozialversicherungsabkommen zu beachten, die die Bundesrepublik Deutschland mit vielen Staaten geschlossen hat (z. B. Türkei).

Sowohl das europäische Sozialrecht als auch die Sozialversicherungsabkommen regeln die Anspruchsberechtigung meist in der Weise, dass sich der Kreis der anspruchsberechtigten Familienangehörigen nach den Rechtsvorschriften des Aufenthaltslandes richtet. Das bedeutet, dass z. B. für die im früheren Jugoslawien verbliebenen Angehörigen eines Gastarbeitnehmers die Anspruchsberechtigung nach dem Recht seines Heimatlandes zu prüfen ist.

Während eines Asylverfahrens ist die Voraussetzung des „gewöhnlichen Aufenthalts" erfüllt. Zu diesem Ergebnis ist das Bundessozialgericht in mehreren Entscheidungen gekommen.

Wie viel Familienangehörige verdienen dürfen

Ein Anspruch aus der Familienversicherung besteht, wenn der Angehörige nicht hauptberuflich selbstständig erwerbstätig ist.

Außerdem ist Voraussetzung für den Anspruch aus der Familienversicherung, dass der betreffende Angehörige ein Gesamteinkommen hat, das regelmäßig im Monat ein Siebtel der monatlichen Bezugsgröße (2018: 435 Euro) nicht überschreitet. Die monatliche Bezugsgröße ändert sich meist zu Beginn eines jeden Jahres.

3

Wird der jeweils maßgebende Betrag durch das Gesamteinkommen des Familienangehörigen überschritten, besteht kein Anspruch aus der Familienversicherung.

Wann ein Ehegatte familienversichert ist

Voraussetzung für den Anspruch eines Ehegatten aus der Familienversicherung ist, dass eine gültige Ehe besteht.

Wird die Ehe geschieden, bleibt die Familienversicherung bis zur Rechtskraft des Scheidungsurteils bestehen. Solange die Ehe nicht rechtsgültig aufgehoben ist, muss – beim Vorliegen der übrigen Voraussetzungen – von einem Bestehen des Anspruchs ausgegangen werden.

Die Frage, ob eine rechtswirksame Ehe besteht, ist auch für das Gebiet der Sozialversicherung nach den deutschen familien- und personenstandsrechtlichen Vorschriften zu beurteilen.

Handelt es sich um die Eheschließung eines Deutschen, kommt eine nach deutschem Recht gültige Ehe nur durch eine Eheschließung vor dem Standesbeamten zustande.

Wenn ein bei einer deutschen gesetzlichen Krankenkasse versicherter Ausländer aufgrund seines Heimatrechts mit mehreren Frauen rechtmäßig verheiratet ist, besteht nur für die Frau ein Anspruch aus der Familienversicherung, mit der zuerst die Ehe

geschlossen wurde. Nach deutschem Recht sind weitere „Ehen"
nicht rechtsgültig geschlossen worden.

Die Ehegatten müssen nicht miteinander in häuslicher Gemeinschaft leben. Auch für einen vom Versicherten getrennt lebenden
Ehegatten ist deshalb – beim Erfüllen der übrigen Voraussetzungen – ein Leistungsanspruch gegeben.

Wichtig: Für Verlobte oder Partner einer eheähnlichen Gemeinschaft besteht keine Familienversicherung. Dies hat das Bundessozialgericht (BSG) am 10.05.1990 entschieden (Az. 12/3 RK 23/88).

3 Für gleichgeschlechtliche Lebenspartner im Sinne des Lebenspart-
nerschaftsgesetzes besteht seit 01.08.2001 unter den üblichen
Voraussetzungen ein Anspruch aus der Familienversicherung. Das
gilt auch bei nach neuem Recht verheirateten gleichgeschlecht-
lichen Partnern.

Kinder als Familienversicherte

Maßgebend ist in erster Linie der Kindbegriff des Bürgerlichen Ge-
setzbuchs. Zunächst werden dadurch die ehelichen Kinder erfasst.
Hierzu zählen die während der Ehe oder innerhalb von 302 Tagen
nach Auflösung der Ehe geborenen Kinder.

Steht fest, dass das Kind innerhalb eines Zeitraums empfangen
worden ist, der weiter als 302 Tage vor dem Tag der Geburt
zurückliegt, gilt zugunsten der Ehelichkeit des Kindes dieser Zeitraum als Empfängniszeit.

Nichteheliche Kinder

Angesprochen sind auch nichteheliche Kinder. Für solche Kinder
beginnt der Anspruch auf Familienversicherung nicht erst mit dem
Zeitpunkt der Feststellung der Vaterschaft, sondern (rückwirkend)
vom Tag der Geburt an.

Bei nichtehelichen Kindern wird die Vaterschaft durch Anerken-
nung oder gerichtliche Entscheidung mit Wirkung für und gegen
alle festgestellt.

Für den Anspruch auf Familienversicherung ist die Feststellung
der Unterhaltspflicht des männlichen Versicherten nicht ausrei-

chend. Vielmehr muss die blutsmäßige Vaterschaft festgestellt sein. Allerdings muss die Vaterschaft nicht durch Statusurteil nachgewiesen werden. Die gesetzliche Krankenkasse kann vielmehr auch aufgrund anderer Erkenntnisunterlagen die Vaterschaft des Versicherten als „festgestellt" ansehen. Dabei kann ein im Unterhaltsprozess ergangenes Urteil über die „Zahlvaterschaft" ein wesentlicher Anhaltspunkt sein.

Adoptivkinder

Auch angenommene (adoptierte) Kinder gelten als Kinder. Die Annahme als Kind wird auf Antrag des Annehmenden vom Familiengericht ausgesprochen. Als Beweis für die Anspruchsberechtigung fordern die gesetzlichen Krankenkassen in der Regel die Vorlage der Adoptionsurkunde.

Kinder, die mit dem Ziel der Annahme als Kind in die Obhut des Annehmenden aufgenommen sind und für die eine zur Annahme erforderliche Einwilligung der Eltern erteilt ist (Adoptivkinder), gelten als Kinder des Annehmenden und nicht mehr als Kinder der leiblichen Eltern.

Stiefkinder und Enkel

Als Kinder gelten ebenso Stiefkinder, Enkel und Urenkel.

Voraussetzung ist, dass Stiefkinder und Enkel vor Eintritt des Versicherungsfalls von dem Versicherten überwiegend unterhalten worden sind.

Stiefkinder sind Kinder des anderen Ehegatten. Zu den Stiefkindern zählen auch die Kinder des Lebenspartners.

Pflegekinder

Auch Pflegekinder haben Anspruch aus der Familienversicherung. Es handelt sich dabei um Personen, die mit dem Berechtigten durch ein auf längere Dauer angelegtes Pflegeverhältnis in häuslicher Gemeinschaft – wie etwa Kinder mit Eltern – verbunden sind.

Achtung: Kinder sind nicht versichert, wenn

- der mit den Kindern verwandte Ehegatte des Mitglieds nicht Mitglied einer gesetzlichen Krankenkasse ist und

- ein Gesamteinkommen regelmäßig im Monat ein Zwölftel der Jahresarbeitsentgeltgrenze übersteigt und regelmäßig höher als das Gesamteinkommen des Mitglieds ist.

Beispiel:

Ein Ehepaar hat zwei minderjährige Kinder. Der Ehemann ist als Angestellter pflichtversichert. Die Ehefrau ist selbstständig tätig und nicht gesetzlich krankenversichert. Sie hat aus ihrer selbstständigen Tätigkeit einen Gewinn erzielt, der das Entgelt des Ehemannes übersteigt und auch über der Jahresarbeitsentgeltgrenze liegt.

Für die beiden Kinder bestehen keine Ansprüche aus der Versicherung ihres Vaters.

Es geht hier insbesondere um Fälle, in denen der höherverdienende Elternteil privat krankenversichert ist.

Ein Zwölftel der Jahresarbeitsentgeltgrenze beläuft sich 2018 im gesamten Bundesgebiet auf 4.950 Euro. Ist in Bestandsfällen die besondere Jahresarbeitsentgeltgrenze anzuwenden, beträgt sie im Jahr 2018 monatlich 4.425 Euro. Es handelt sich hier um Personen, die am 31. 12. 2002 wegen Überschreitens der an diesem Tag geltenden Jahresarbeitsentgeltgrenze versicherungsfrei und bei einem privaten Krankenversicherungsunternehmen in einer entsprechenden Krankenversicherung versichert waren.

Die vorstehenden Grundsätze sind nach den Urteilen des BSG vom 25.01.2001 (Az.: B 12 KR 5/00) und vom 29.01.2001 (Az.: B 12 KR 5/00 R) auch dann anzuwenden, wenn die Eltern getrennt leben.

Wichtig: Das bedeutet, dass auch Ansprüche auf Leistungen bei Schwangerschaft und Mutterschaft gegeben sind. Allerdings besteht kein Anspruch auf Mutterschaftsgeld.

Ärztliche Betreuung und Hebammenhilfe

Versicherte (Mitglieder oder Familienversicherte) haben Anspruch auf ärztliche Betreuung und Hebammenhilfe während der Schwangerschaft sowie bei und nach der Entbindung.

Die ärztliche Betreuung während der Schwangerschaft umfasst die Untersuchungen zur Feststellung der Schwangerschaft sowie Vorsorgeuntersuchungen einschließlich der laborärztlichen Untersuchungen. Auch die Beratung der Schwangeren zur Mundgesundheit für Mutter und Kind einschließlich des Zusammenhangs zwischen Ernährung und Krankheitsrisiko sowie die Einschätzung oder Bestimmung des Übertragungsrisikos von Karies gehören zu den ärztlichen Leistungen.

3

Während der Schwangerschaft und nach der Entbindung sollen mögliche Gefahren für Leben und Gesundheit von Mutter und Kind abgewendet sowie Gesundheitsstörungen rechtzeitig erkannt und der Behandlung zugeführt werden.

Bis zum zehnten Tag nach der Geburt besteht Anspruch auf mindestens einen täglichen Besuch durch die Hebamme. Ab dem elften Tag bis zum Ende der achten Woche nach der Geburt können zudem insgesamt 16 Besuche einer Hebamme in Anspruch genommen werden. Eine ärztliche Verordnung ist hierfür nicht notwendig. Weitere Besuche sind auf Verordnung eines Arztes möglich.

Wichtig: Vorrangiges Ziel der ärztlichen Schwangerenversorgung ist die frühzeitige Erkennung einer Risikoschwangerschaft oder einer Risikogeburt.

Vorsorgemaßnahmen

- Untersuchungen und Beratungen während der Schwangerschaft
- frühzeitige Erkennung und besondere Überwachung von Risikoschwangerschaften – kardiografische Untersuchungen, Ultraschalldiagnostik, Fruchtwasseruntersuchungen
- serologische Untersuchungen auf Infektionen (z. B. Röteln, Hepatitis B) und zum Ausschluss einer HIV-Infektion, wenn

---

> die Schwangere nach vorheriger ärztlicher Beratung in diese Untersuchung einwilligt, sowie blutgruppenserologische Untersuchungen während der Schwangerschaft
>
> - blutgruppenserologische Untersuchungen nach Geburt oder Fehlgeburt und Anti-D-Immunglobulin-Prophylaxe
> - Untersuchungen und Beratungen der Mutter
> - medikamentöse Maßnahmen und Verordnungen von Verband- und Heilmitteln

3 Diese Ansprüche ergeben sich aus den Mutterschafts-Richtlinien des Gemeinsamen Bundesausschusses.

Schwangerschaftsbeschwerden sind an und für sich typische, mit der Schwangerschaft einhergehende Beschwerden. Übersteigen die „Schwangerschaftsbeschwerden" das übliche Maß, besteht ein Anspruch gegen die gesetzliche Krankenkasse im Rahmen der Krankenbehandlung und nicht auf „Leistungen in Zusammenhang mit Schwangerschaft und Mutterschaft".

Für die Gewährung der Leistungen bei Schwangerschaft und Mutterschaft (auch im Rahmen der Familienversicherung) kommt für die Zeit nach der Entbindung als Nachweis der Anspruchsberechtigung die Geburtsbescheinigung (Geburtsurkunde) in Betracht. Ihre Ausstellung (für Zwecke der Krankenversicherung) ist gebührenfrei. Es ist im Übrigen nicht vorgeschrieben, dass der erwähnte Nachweis gegenüber der gesetzlichen Krankenkasse ausschließlich durch eine Geburtsbescheinigung mit dem Aufdruck „Nur gültig in Angelegenheiten der Mutterschaftshilfe" (oder mit einem sinngemäßen Vermerk) geführt wird. Es ist allerdings üblich, Vordrucke mit diesem Vermerk zu verwenden.

Wichtig: Bei ausländischen Gastarbeitnehmerinnen gelten anstelle der im Inland für die Gewährung von Leistungen bei Schwangerschaft und Mutterschaft verwendeten Formblätter auch andere amtliche oder ärztliche Bescheinigungen über die erfolgte Geburt als Geburtennachweis. Allerdings ist zu beachten, dass ausländische Urkunden der freien Beweiswürdigung deutscher Behörden und Gerichte unterliegen.

Geburtshilfe

Zur Leistung von Geburtshilfe sind, abgesehen von Notfällen, außer Ärztinnen und Ärzten nur Personen mit einer Erlaubnis zur Führung der Berufsbezeichnung „Hebamme" oder „ Entbindungspfleger" sowie „Dienstleistungserbringer" im Sinne des § 1 Abs. 2 HebG berechtigt. Besonderheiten gelten für Staatsangehörige eines anderen Mitgliedstaates der Europäischen Union.

Die Ärztin bzw. der Arzt ist verpflichtet, dafür Sorge zu tragen, dass bei einer Entbindung eine Hebamme oder ein Entbindungspfleger zugezogen wird.

Die Geburtshilfe im vorstehenden Sinne umfasst die Überwachung des Geburtsvorgangs vom Beginn der Wehen an. Ferner umfasst sie die Hilfe bei der Geburt und die Überwachung des Wochenbettverlaufs.

Nach § 134a SGB V schließt der Spitzenverband Bund der Krankenkassen mit den maßgeblichen Berufsverbänden der Hebammen und den Verbänden der von Hebammen geleiteten Einrichtungen auf Bundesebene Verträge. Diese werden mit bindender Wirkung für die Krankenkassen geschlossen. Sie beinhalten unter anderem die Versorgung mit Hebammenhilfe sowie die abrechnungsfähigen Entbindungen in von Hebammen geleiteten Einrichtungen. Zudem enthalten die Verträge Einzelheiten über die Anforderungen an die Qualitätssicherung in den Einrichtungen. Ferner bestimmen die Verträge über die Höhe der Vergütung und die Einzelheiten der Vergütungsabrechnung durch die Krankenkassen.

Die Vertragspartner haben dabei den Bedarf der Versicherten an Hebammenhilfe und deren Qualität, den Grundsatz der Beitragsstabilität sowie die berechtigten wirtschaftlichen Interessen der freiberuflich tätigen Hebammen zu berücksichtigen.

Derartige Verträge haben Rechtswirkung für freiberuflich tätige Hebammen, wenn sie einem der oben genannten Verbände auf Bundes- oder Landesebene angehören. Außerdem muss die Satzung des Verbands vorsehen, dass die vom Verband abgeschlossenen Verträge Rechtswirkung für die dem Verband angehörenden Hebammen haben. Das gilt auch, wenn die Hebammen einem solchen Vertrag beitreten.

3

Hebammen, für die die obigen Verträge keine Rechtswirkung haben, sind nicht als Leistungserbringer zugelassen. Das Nähere über Form und Verfahren des Nachweises der Mitgliedschaft in einem Verband sowie des Beitritts regelt der Spitzenverband Bund der Krankenkassen. In Zusammenhang mit einem Schwangerschaftsabbruch besteht im Übrigen kein Anspruch auf Hebammenhilfe.

Für die Beziehungen der landwirtschaftlichen Krankenversicherung zu den Leistungserbringern gelten die Vorschriften des SGB V entsprechend. Das bedeutet, dass für die Gebühren der Hebammen und Entbindungspfleger § 134a SGB V anzuwenden ist.

3

Für Streitigkeiten zwischen Hebammen und gesetzlichen Krankenkassen über die Gebühren für alle Verrichtungen und Aufwendungen der Hebammen ist der Rechtsweg zu den Gerichten der Sozialgerichtsbarkeit gegeben.

Mit Wirkung zum 23.07.2015 hat das GKV-VStG in § 134a Abs. 5 SGB V eine Regelung geschaffen, die freiberuflich tätige Hebammen vor Regressnahme durch die Kranken- und Pflegekassen schützen soll. Ein solcher Regress ist nämlich nur möglich, wenn der Schaden vorsätzlich oder grob fahrlässig verursacht wurde.

Versorgung mit Arznei-, Verband- und Heilmitteln

Bei Schwangerschaftsbeschwerden und in Zusammenhang mit der Entbindung gewährt die gesetzliche Krankenkasse Arznei-, Verband- und Heilmittel.

Im Rahmen der Mutterschaftsvorsorge sind diese Leistungen nur zur Behandlung von Beschwerden zulässig, die schwangerschaftsbedingt sind, aber noch keinen Krankheitswert darstellen. Haben sie Krankheitswert, sind die entsprechenden Leistungen im Rahmen des Anspruchs auf Krankenbehandlung von der gesetzlichen Krankenkasse zu erbringen. Vorbeugende medikamentöse Maßnahmen sind im Übrigen nur dann angezeigt, wenn sie nach den Regeln der ärztlichen Kunst im Einzelfall notwendig sind, um ernstliche Gefahren von Mutter und Kind abzuwenden.

Praxis-Tipp:

Sowohl bei Arznei-, Verband- und Heilmitteln als auch bei Hilfsmitteln sind die im Bereich der Krankenversicherung ansonsten vorgesehenen Zuzahlungen nicht zu entrichten. Gleiches gilt für den Fall einer stationären Behandlung aus Anlass der Entbindung.

Stationäre Entbindung

Die Versicherte hat Anspruch auf ambulante oder stationäre Entbindung. Sie kann ambulant in einem Krankenhaus, einer von einer Hebamme oder einem Entbindungspfleger geleiteten Einrichtung, in einer ärztlich geleiteten Einrichtung, in einer Hebammenpraxis oder im Rahmen einer Hausgeburt entbinden.

Wird die Versicherte zur Entbindung in ein Krankenhaus oder eine andere Einrichtung aufgenommen, hat sie für sich und das Neugeborene Anspruch auf Unterkunft, Pflege und Verpflegung.

Wichtig: Für diese Zeit besteht kein Anspruch auf Krankenhausbehandlung.

Der Anspruch auf stationäre Entbindung beginnt mit dem Tag, an dem die Schwangere in ein Krankenhaus oder in eine andere Einrichtung zum Zwecke der Entbindung aufgenommen wird. Die Aufnahme erfolgt somit unter Umständen bereits einige Tage vor der Entbindung.

Der Charakter der stationären Entbindung ändert sich nicht dadurch, dass die Frau vor der Entbindung wieder aus der Entbindungs- oder Krankenanstalt entlassen wird.

Befindet sich eine Frau bereits wegen einer Krankheit in Krankenhausbehandlung und wird sie nach der Geburt nicht auf die Entbindungsstation verlegt, handelt es sich trotzdem vom Entbindungstag an um Entbindungsanstaltspflege.

Wird die Mutter während der ersten Tage nach der Entbindung von der Entbindungsstation auf eine andere Station des Krankenhauses verlegt, gilt auch diese Zeit als stationäre Entbindung.

Praxis-Tipp:

Eine stationäre Entbindung setzt keine ärztliche Einweisung voraus. Allein die Aufnahme in ein Krankenhaus oder in eine vergleichbare Einrichtung ist entscheidend.

Der Anspruch auf stationäre Entbindung besteht nicht nur für die Versicherte. Vielmehr ist die Betreuung des gesunden Neugeborenen Bestandteil der stationären Entbindung der Mutter.

Sofern das Neugeborene jedoch selbst der stationären Behandlung bedarf und wegen Krankheit in eine andere Abteilung desselben Krankenhauses oder in ein anderes Krankenhaus verlegt wird, liegt in der Person des Neugeborenen ein eigener Versicherungsfall vor. Besteht für das Kind kein Anspruch mehr im Rahmen der stationären Entbindungsbehandlung, ist zu prüfen, inwieweit ein Anspruch aufgrund der Familienversicherung zu gewähren ist.

Sofern eine Versicherte erst nach der Entbindung in ein Krankenhaus aufgenommen wird, handelt es sich grundsätzlich nicht um Entbindungsanstaltspflege, sondern ggf. um Krankenhausbehandlung. Allgemein wird aber davon ausgegangen, dass beispielsweise einer Frau, die erst deshalb nach der Entbindung in ein Krankenhaus aufgenommen wird, weil es zu einer Spontangeburt gekommen war, stationäre Entbindung zu gewähren ist.

Für den Aufenthalt in einem sogenannten Geburtshaus, in dem Schwangere – je nach Wunsch – ohne Übernachtung oder im Rahmen eines mehrtägigen Aufenthalts ihr Kind zur Welt bringen können und das keine vertragliche Beziehungen zur gesetzlichen Krankenkasse der Versicherten unterhält, muss die gesetzliche Krankenkasse nicht aufkommen (Urteile des BSG vom 21.05.2003, Az.: B 1 KR 9/03, B 1 KR 34/02, B 1 KR 35/02 R und B 1 KR 8/03 R).

Häusliche Pflege

Die Versicherte hat Anspruch auf häusliche Pflege, soweit diese wegen Schwangerschaft oder Entbindung erforderlich ist. Der Anspruch besteht nur, soweit eine im Haushalt lebende Person die Schwangere oder Mutter in dem erforderlichen Umfang nicht pflegen oder versorgen kann.

Kann die gesetzliche Krankenkasse keine Kraft für häusliche Pflege stellen oder besteht Grund, davon abzusehen, sind dem Versicherten die Kosten für eine selbstbeschaffte Kraft in angemessener Höhe zu erstatten.

Die Leistung „Häusliche Pflege" umfasst Grundpflege und hauswirtschaftliche Versorgung als persönliche Betreuung. Sie soll darauf ausgerichtet sein, dass die Versicherte – ggf. in Verbindung mit anderen Leistungen bei Schwangerschaft und Mutterschaft (z. B. ärztliche Betreuung, Haushaltshilfe) – zu Hause verbleiben kann.

Eine zeitliche Begrenzung der häuslichen Pflege ist nicht vorgesehen. Sie ist deshalb so lange zu gewähren, wie sie von einem Arzt oder einer Hebamme für notwendig und begründet erachtet wird.

Für die Zeit vor der Entbindung kann häusliche Pflege z. B. bei drohender Fehlgeburt in Betracht kommen. Für die Zeit nach der Entbindung liegt die Notwendigkeit so lange vor, wie die Frau durch die Entbindung oder deren Folgen noch geschwächt ist.

Der Umfang der Leistung bestimmt sich nach dem Gesundheitszustand der Versicherten und dem Bedürfnis nach persönlicher Betreuung. Er reduziert sich, wenn eine im Haushalt lebende Person die Versicherte ganz oder teilweise pflegen und versorgen kann.

Die häusliche Pflege muss nicht im eigenen Haushalt erbracht werden. Sie kann deshalb z. B. auch im Haushalt einer Verwandten oder einer Bekannten der Versicherten durchgeführt werden.

Wichtig: Behandlungspflege kommt im Rahmen der häuslichen Pflege nicht in Betracht, da der Versicherungsfall „Krankheit" nicht vorliegt. Liegt er vor, hat die gesetzliche Krankenkasse die insoweit vergleichbare häusliche Krankenpflege zu leisten.

Die gesetzliche Krankenkasse muss darauf achten, dass die Leistung wirtschaftlich und preisgünstig erbracht wird. Hat die gesetzliche Krankenkasse zur Durchführung von häuslicher Pflege geeignete Personen angestellt oder mit anderen geeigneten Personen, Einrichtungen oder Unternehmen entsprechende Verträge geschlossen, sind solche Pflegekräfte von der Versicherten vorrangig in Anspruch zu nehmen.

Praxis-Tipp:

Die häusliche Pflege ist bei der gesetzlichen Krankenkasse grundsätzlich vor dem Tätigwerden der Pflegekraft zu beantragen. Dem Antrag ist eine ärztliche Bescheinigung beizufügen, die Angaben enthält über:

- den Grund der häuslichen Pflege
- die Art
- die Intensität
- die voraussichtliche Dauer der erforderlichen Maßnahmen

3

Haushaltshilfe

Die Versicherte erhält Haushaltshilfe, soweit ihr wegen Schwangerschaft oder Entbindung die Weiterführung des Haushalts nicht möglich ist und eine andere im Haushalt lebende Person den Haushalt nicht weiterführen kann.

Kann die gesetzliche Krankenkasse keine Haushaltshilfe stellen oder besteht Grund, davon abzusehen, sind der Versicherten die Kosten für eine selbstbeschaffte Haushaltshilfe in angemessener Höhe zu erstatten.

Für Verwandte und Verschwägerte bis zum zweiten Grad werden keine Kosten erstattet. Nach dem Urteil des BSG vom 16.11.1999 (Az.: B 1 KR 16/98 R) gilt dies auch für getrennt lebende und geschiedene Ehegatten. Die gesetzliche Krankenkasse kann jedoch die erforderlichen Fahrkosten und den Verdienstausfall erstatten, wenn die Erstattung in einem angemessenen Verhältnis zu den sonst für eine Ersatzkraft entstehenden Kosten steht.

Anspruch auf Haushaltshilfe wegen der Entbindung besteht bei:

- einer stationären Entbindung
- frühzeitiger Rückkehr aus der stationären Entbindung
- Hausentbindung

Während der Schwangerschaft kommt Haushaltshilfe nur in begründeten Ausnahmefällen in Betracht (z. B. bei ärztlich angeordneter Bettruhe).

Die Notwendigkeit und der Umfang der Leistung ist von der gesetzlichen Krankenkasse unter Berücksichtigung der individuellen Verhältnisse zu prüfen.

Der Anspruch auf Haushaltshilfe setzt voraus, dass die Versicherte einen Haushalt hat und diesen Haushalt auch geführt hat.

Wichtig: Der Anspruch auf Haushaltshilfe setzt im Übrigen nicht voraus, dass ein Kind in dem Haushalt lebt.

3

Deshalb ist der Anspruch ausgeschlossen, wenn die wesentlichen Haushaltsarbeiten einschließlich der Beaufsichtigung und Betreuung der Kinder z. B. durch eine Hausangestellte verrichtet wurden.

Sofern diese Arbeiten ganz oder teilweise von einer im Haushalt der Versicherten lebenden Person weiterhin durchgeführt werden, entfällt in entsprechendem Umfang die Leistungspflicht der gesetzlichen Krankenkasse.

Die Versicherte muss glaubhaft machen, dass eine andere im Haushalt lebende Person den Haushalt nicht oder nur in reduziertem Umfang weiterführen kann.

Der Anspruch auf Haushaltshilfe ist nicht zeitlich begrenzt. Sie ist – wie die häusliche Pflege – deshalb so lange zu gewähren, wie sie von einem Arzt oder einer Hebamme für notwendig und begründet erachtet wird.

Die Krankenkasse kann in ihrer Satzung zusätzliche, vom Gemeinsamen Bundesausschuss nicht ausgeschlossene Leistungen in der fachlich gebotenen Qualität im Bereich der Haushaltshilfe vorsehen (§ 11 Abs. 6 SGB V).

Praxis-Tipp:

Die Haushaltshilfe ist – von dringenden Fällen abgesehen – vor ihrer Inanspruchnahme bei der gesetzlichen Krankenkasse zu beantragen. Diesem Antrag ist eine ärztliche Bescheinigung beizufügen, die auch Angaben über die voraussichtliche Dauer der erforderlichen Maßnahmen enthalten muss.

Durchführung des MuSchG

4

Aushang-, Mitteilungs- und Aufbewahrungspflichten des Arbeitgebers

Aushangpflicht

Mit dem Aushang des MuSchG beschäftigt sich § 26 MuSchG. Nach § 26 Abs. 1 MuSchG hat der Arbeitgeber in Betrieben und Verwaltungen, in denen regelmäßig mehr als drei Frauen beschäftigt werden, eine Kopie des MuSchG an geeigneter Stelle zur Einsicht auszulegen oder auszuhängen. Von dieser Verpflichtung ist er jedoch entbunden, wenn er das Gesetz für die Personen, die bei ihm beschäftigt sind, in einem elektronischen Verzeichnis zugänglich gemacht hat. Nach der Gesetzesbegründung erleichtert dies die Bekanntgabe des MuSchG durch die Betriebe unter Berücksichtigung der in vielen Betrieben üblichen internen elektronischen Kommunikation (Intranet). Dabei kann schon eine Verknüpfung mit anderen Verzeichnissen ausreichen. Nach Auffassung des Gesetzgebers wird durch diese Vereinfachung Bürokratie abgebaut.

Für eine in Heimarbeit beschäftigte Frau oder eine ihr Gleichgestellte muss der Auftraggeber oder Zwischenmeister in den Räumen der Ausgabe oder Abnahme von Heimarbeit eine Kopie des MuSchG an geeigneter Stelle zur Einsicht auslegen oder aushängen. Die Regelung bezüglich eines vorhandenen elektronischen Verzeichnisses gilt auch hier.

Mitteilungs- und Aufbewahrungspflichten

§ 27 Abs. 1 MuSchG sieht zwei verschiedene Gründe für eine Mitteilungspflicht des Arbeitgebers vor. Diese Mitteilungspflicht besteht in beiden Fällen gegenüber der Aufsichtsbehörde.

Bei den beiden Gründen geht es darum, dass eine Frau ihm Mitteilungen gemacht hat oder er beabsichtigt, eine schwangere oder stillende Frau zu bestimmten Zeiten oder mit bestimmten Aufgaben zu beschäftigen. In beiden Fällen darf er die betreffenden Informationen nicht unbefugt an Dritte weitergeben.

Der Arbeitgeber hat die Aufsichtsbehörde unverzüglich (d. h. ohne schuldhaftes Zögern) zu benachrichtigen, wenn eine Frau ihm mitgeteilt hat,

- dass sie schwanger ist oder

- dass sie stillt, es sei denn, er hat die Aufsichtsbehörde bereits über die Schwangerschaft dieser Frau benachrichtigt.

Im Übrigen hat der Arbeitgeber die Aufsichtsbehörde unverzüglich zu benachrichtigen, wenn er beabsichtigt, eine schwangere oder stillende Frau zu beschäftigen

1. bis 22 Uhr nach den Vorgaben des § 5 Abs. 2 Satz 2 und 3 MuSchG,

2. an Sonn- und Feiertagen nach den Vorgaben des § 5 Abs. 1 Satz 2 und 3 MuSchG,

3. an Sonn- und Feiertagen nach den Vorgaben des § 6 Abs. 1 Satz 2 und 3 oder Abs. 2 Satz 2 und 3 oder

4. mit getakteter Arbeit im Sinne von § 11 Abs. 6 Nr. 3 und § 12 Abs. 5 Nr. 3 MuSchG.

4

Zu 1: Hier geht es um das Verbot der Nachtarbeit (vgl. dazu die Ausführungen im Abschnitt „Arbeitszeitlicher Gesundheitsschutz" in Kapitel 1). Danach darf eine Beschäftigung bis zu 22 Uhr (statt nur bis 20 Uhr) erfolgen, wenn

- sich die Frau dazu ausdrücklich bereit erklärt,

- die Teilnahme an der Nachtarbeit zu dieser Zeit erforderlich ist und

- insbesondere eine unverantwortbare Gefährdung für die schwangere Frau oder ihr Kind durch Alleinarbeit ausgeschlossen ist (vgl. dazu die Ausführungen im Abschnitt „Betrieblicher Gesundheitsschutz" in Kapitel 1).

Die schwangere oder stillende Frau kann ihre Erklärung zur Nachtarbeit jederzeit mit Wirkung für die Zukunft widerrufen.

Zu 2 und 3: Hier geht es um die Arbeit an Sonn- und Feiertagen. Auch hier muss sich die Frau dazu ausdrücklich bereit erklären. Sie kann diese Erklärung jederzeit mit Wirkung für die Zukunft wiederrufen. Außerdem muss eine Ausnahme vom allgemeinen Verbot der Arbeit an Sonn- und Feiertagen nach § 10 des Arbeitszeitgesetzes (ArbZG) zugelassen sein. Ferner muss der Frau in jeder Woche im Anschluss an eine ununterbrochene Nachtruhezeit von mindestens elf Stunden ein Ersatzruhetag gewährt werden und es muss insbesondere eine unverantwortbare Gefährdung für die schwangere Frau oder ihr Kind durch Alleinarbeit ausgeschlossen sein.

Es genügt auch, wenn an Stelle der Ausnahme vom allgemeinen Verbot der Arbeit an Sonn- und Feiertagen eine entsprechende Arbeitsleistung der Frau erforderlich ist.

Zu 4: Bei der getakteten Arbeit geht es um eine Arbeit mit vorgeschriebenem Arbeitstempo, wenn die Art der Arbeit oder Arbeitstempo für die schwangere Frau oder für ihr Kind eine unverantwortbare Gefährdung darstellt. Die Ausnahmeregelung trifft auch – wie erwähnt – für die Fälle des § 12 Abs. 5 Nr. 3 MuSchG. Angesprochen ist hier Akkordarbeit, Fließarbeit oder getaktete Arbeit (vgl. dazu die Ausführungen im Abschnitt „Betrieblicher Gesundheitsschutz" in Kapitel 1).

Nach § 27 Abs. 2 MuSchG hat der Arbeitgeber der Aufsichtsbehörde auf Verlangen die Angaben zu machen, die zur Erfüllung der Aufgaben dieser Betriebe erforderlich sind. Er hat die Angaben wahrheitsgemäß, vollständig und rechtzeitig zu machen.

Außerdem hat der Arbeitgeber (nach § 27 Abs. 3 MuSchG) der Aufsichtsbehörde auf Verlangen die Unterlagen zur Einsicht vorzulegen oder einzusenden, aus denen Folgendes ersichtlich ist:

- die Namen der schwangeren oder stillenden Frauen, die bei ihm beschäftigt sind,

- die Art und der zeitliche Umfang ihrer Beschäftigung,

- die Entgelte, die an sie gezahlt worden sind,

- die Ergebnisse der Beurteilung der Abeitsbedingungen nach § 10 MuSchG (vgl. dazu die Ausführungen im Abschnitt „Betrieblicher Gesundheitsschutz" in Kapitel 1) und

- alle sonstigen nach § 27 Abs. 2 MuSchG erforderlichen Angaben.

Die vorstehend genannten Unterlagen hat der Arbeitgeber mindestens bis zum Ablauf von zwei Jahren nach der letzten Eintragung aufzubewahren (§ 27 Abs. 5 MuSchG).

Nach § 27 Abs. 4 MuSchG kann die auskunftspflichtige Person die Auskunft auf solche Fragen oder die Vorlage derjenigen Unterlagen verweigern, deren Beantwortung oder Vorlage sie selbst oder bestimmte Angehörige (Verlobte, Ehegatten, Lebenspartner, in gerader Linie Verwandte oder Verschwägerte, in der Seitenlinie bis zum dritten Grad Verwandte oder bis zum zweiten Grad verschwägert sind oder waren) der Gefahr der Verfolgung wegen einer Straftat oder Ordnungswidrigkeit aussetzen würde. Die auskunftspflichtige Person ist darauf hinzuweisen.

Die mit der Überwachung beauftragten Personen der Aufsichtsbehörde dürfen die ihnen bei ihrer Überwachungstätigkeit zur Kenntnis gelangten Geschäfts- und Betriebsgeheimnisse nur in den gesetzlich geregelten Fällen offenbaren. Das Gleiche gilt zur Verfolgung von Rechtsverstößen oder zur Erfüllung von gesetzlich geregelten Aufgaben zum Schutz der Umwelt den dafür zuständigen Behörden gegenüber. Soweit es sich bei Geschäfts- und Betriebsgeheimnissen um Informationen über die Umwelt im Sinne des Umweltinformationsgesetzes handelt, richtet sich die Befugnis zu ihrer Offenbarung nach dem Umweltinformationsgesetz.

4

Zuständigkeit und Aufgaben der Aufsichtsbehörde

Die Aufsichtsbehörden spielten im Mutterschutzrecht schon immer eine besondere Rolle. Das hat sich auch durch das ab 01.01.2018 geltende MuSchG nicht geändert. Rechtsgrundlage ist hier § 29 MuSchG.

Nach § 29 Abs. 1 MuSchG obliegt die Aufsicht über die Ausführung der Vorschriften des MuSchG und der aufgrund dieses Gesetzes erlassenen Vorschriften den nach Landesrecht zuständigen Behörden (Aufsichtsbehörden). Es richtet sich also nach Landesrecht, wer für die Aufsicht im Mutterschutzbereich zuständig ist. Im Allgemeinen sind die Gewerbeaufsichtsämter zuständig, für bergmännische Betriebe die besonderen Bergbehörden.

Im Übrigen ist Aufsichtsbehörde in:

- Berlin das Landesamt für Arbeitsschutz, Gesundheitsschutz und technische Sicherheit

- Brandenburg, Hamburg, Nordrhein-Westfalen und in Thüringen das Amt für Arbeitsschutz

- Hessen das Staatliche Amt für Arbeitsschutz und Sicherheit

- Mecklenburg-Vorpommern die staatlichen Ämter für Arbeitsschutz und technische Sicherheit.

Eine Sonderregelung gilt für Betriebe und Verwaltungen im Geschäftsbereich des Bundesverteidigungsministeriums. Hier ist das Ministerium oder die von ihm bestimmte Stelle zuständig.

Nach § 29 Abs. 2 MuSchG haben die Aufsichtsbehörden dieselben Befugnisse wie die nach § 22 Abs. 2 und 3 Arbeitsschutzgesetz (ArbSchG) mit der Überwachung beauftragten Personen. Das Grundrecht der Unverletzlichkeit der Wohnung (Art. 13 des Grundgesetzes – GG –) wird hiermit eingeschränkt.

Nach § 22 Abs. 2 ArbSchG sind die mit der Überwachung beauftragten Personen befugt, zu den

- Betriebs- und

- Arbeitszeiten

Betriebsstätten, Geschäfts- und Betriebsräume zu betreten, zu besichtigen und zu prüfen. Außerdem sind sie berechtigt, in die geschäftlichen Unterlagen der auskunftspflichtigen Personen Einsicht zu nehmen.

Die Befugnisse gehen soweit, als dies zur Erfüllung der Aufgaben der beauftragten Personen erforderlich ist.

Die genannten Personen sind berechtigt, die Begleitung durch den Arbeitgeber oder eine von ihm beauftragte Person zu verlangen.

Im Übrigen dürfen sie

- Betriebsanlagen,

- Arbeitsmittel und

- persönliche Schutzausrüstungen

prüfen.

Sie könenn auch Arbeitsabläufe und Arbeitsverfahren untersuchen, Messungen vornehmen und insbesondere arbeitsbedingte Gesundheitsgefahren feststellen.

Sie können auch untersuchen, auf welche Ursachen ein Arbeitsunfall, eine arbeitsbedingte Erkrankung oder ein Schadensfall zurückzuführen ist.

Der Arbeitgeber oder die verantwortlichen Personen haben die mit der Überwachung beauftragten Personen bei der Wahrnehmung ihrer Befugnisse zu unterstützen.

Die Aufsichtsbehörde kann im Einzelfall anordnen,

- welche Maßnahmen der Arbeitgeber und die verantwortlichen Personen oder die Beschäftigten zur Erfüllung der Pflichten zu treffen haben, die sich aus dem MuSchG und den aufgrund des MuSchG erlassenen Rechtsverordnungen (vgl. dazu die noch folgenden Ausführungen) ergeben,

- welche Maßnahmen der Arbeitgeber und die verantwortlichen Personen zur Abwendung einer besonderen Gefahr für Leben und Gesundheit der Beschäftigten (hier: der schwangeren und stillenden Mütter) zu treffen haben.

4

Zur Ausführung von Anordnungen sind angemessene Fristen zu setzen.

Besondere Befugnisse der Aufsichtsbehörden

Die Aufsichtsbehörde kann nach § 29 Abs. 3 MuSchG in Einzelfällen die erforderlichen Maßnahmen anordnen, die der Arbeitgeber zur Erfüllung der Pflichten zu treffen hat, die sich aus dem zweiten Abschnitt des MuSchG (Gesundheitsschutz) und aus den aufgrund des § 31 Nrn. 1 bis 5 MuSchG erlassenen Rechtsverordnung (vgl. dazu die in diesem Kapitel noch folgenden Ausführungen) ergeben.

Nach den Ausführungen in der Gesetzesbegründung dienen die Maßnahmen der Aufsichtsbehörden nach § 29 MuSchG der Konkretisierung der gesetzlichen Vorgaben im Einzelfall.

Sie beziehen sich im Übrigen nicht auf den Bereich des Kündigungsschutzes und des Leistungsrechts.

Bei der Anordnung von Maßnahmen hat die Aufsichtsbehörde – so die Gesetzesbegründung – stets die allgemeinen gesundheitsschutzrechtlichen Vorgaben des zweiten Abschnitts des MuSchG zu berücksichtigen.

Zum besseren Verständnis werden die wichtigsten Befugnisse durch § 29 Abs. 3 Satz 3 MuSchG in einem nicht abschließenden Katalog benannt.

So kann die Aufsichtsbehörde, wie das nachfolgende Schaubild zeigt, in besonders begründeten Einzelfällen:

- bewilligen
- verbieten
- anordnen

4

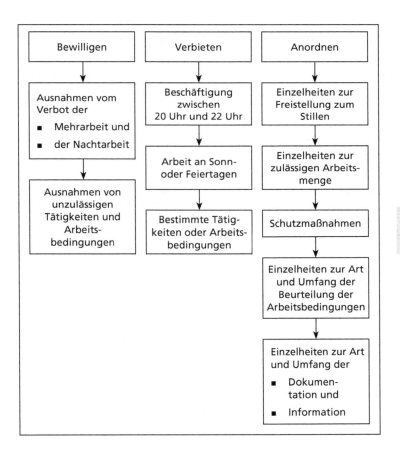

Ausnahmen vom Verbot der Mehrarbeit und Nachtarbeit

Hier geht es um Ausnahmen vom Verbot der Mehrarbeit nach § 4 Abs. 1 Satz 1, 2 oder 4 MuSchG sowie vom Verbot der Nachtarbeit auch zwischen 22 Uhr und 6 Uhr nach § 5 Abs. 1 Satz 1 oder Abs. 2 Satz 1 MuSchG. Voraussetzung ist allerdings, dass

- sich die Frau dazu ausdrücklich bereit erklärt,

- nach ärztlichem Zeugnis nichts gegen die Beschäftigung spricht und

- in den Fällen des § 5 Abs. 1 Satz 1 oder § 5 Abs. 2 Satz 1 MuSchG insbesondere eine unverantwortbare Gefährdung für die schwangere Frau oder ihr Kind durch Alleinarbeit ausgeschlossen ist.

Die obige Erklärung kann jederzeit mit Wirkung für die Zukunft widerrufen werden (§ 29 Abs. 3 Satz 3 MuSchG).

Die Beurteilung der Arbeitsbedingungen muss eine besondere Würdigung besonderer Arbeitsbedingungen enthalten. Nach der in der Gesetzesbegründung vertretenen Auffassung sind insbesondere ein gegebenenfalls bestehender verminderter Personalschlüssel und möglicherweise die Eingeschränktheit körperlich-geistiger Leistungsfähigkeit (Ermüdung, Konzentrationsabfall) zu berücksichtigen. Zudem sind gegebenenfalls auch die besonderen Anforderungen an die Zulässigkeit der Beschäftigung zu prüfen, wie etwa die Erfordernisse, der Einwilligung der Frau oder das Vorliegen eines ärztlichen Attests.

Ausnahmen von unzulässigen Tätigkeiten und Arbeitsbedingungen

Es können Ausnahmen von den Vorschriften des § 11 Abs. 6 Nr. 1 und 2 und des § 12 Abs. 5 Nr. 1 und 2 MuSchG bewilligt werden, wenn die Art der Arbeit und das Arbeitstempo keine unverantwortbare Gefährdung für die schwangere oder stillende Frau oder für ihr Kind darstellen. Hier ist zudem die Beurteilung der Arbeitsbedingungen heranzuziehen und zu prüfen. Es dürfen keine Arbeitsbedingungen vorherrschen, bei denen durch die Art der Arbeit und das Arbeitstempo eine unverantwortbare Gefährdung für die schwangere oder stillende Frau oder für ihr Kind vorliegt.

Verbot der Beschäftigung zwischen 20 Uhr und 22 Uhr

Die Aufsichtsbehörde kann verbieten, dass ein Arbeitgeber eine schwangere oder stillende Frau nach § 5 Abs. 2 Satz 2 MuSchG zwischen 20 und 22 Uhr beschäftigt.

Verbot der Beschäftigung an Sonn- und Feiertagen

Die Aufsichtsbehörde kann verbieten, dass ein Arbeitgeber eine schwangere oder stillende Frau nach § 6 Abs. 1 Satz 2 oder nach § 6 Abs. 2 Satz 2 MuSchG an Sonn- und Feiertagen beschäftigt.

Verbot bestimmter Tätigkeiten oder Arbeitsbedingungen

Die Aufsichtsbehörde kann bestimmte Tätigkeiten oder Arbeitsbedingungen nach § 11 oder nach § 12 MuSchG verbieten.

Anordnung von Einzelheiten zur Freistellung zum Stillen

Die Aufsichtsbehörde kann Einzelheiten zur Freistellung zum Stillen nach § 7 Abs. 2 MuSchG und zur Bereithaltung von Räumlichkeiten, die zum Stillen geeignet sind, anordnen.

4

Anordnung von Einzelheiten zur zulässigen Arbeitsmenge nach § 8 MuSchG

Hier wird geregelt, dass die Aufsichtsbehörde nähere Bestimmungen über die Arbeitsmenge für in Heimarbeit beschäftigte Frauen und ihnen Gleichgestellte nach § 7 MuSchG treffen kann. Die bis zum 31.12.2017 bestehende Regelung, wonach die Aufsichtsbehörden den Heimarbeitsausschuss anhören müssen, falls einer besteht, ist aus Gründen der Praktikabilität entfallen. Nach der in der Gesetzesbegründung vertretenen Auffassung kann die Aufsichtsbehörde wegen ihrer Nähe zum Einzelfall schneller eine praxisnahe Entscheidung treffen.

Anordnung von Schutzmaßnahmen

Die Aufsichtsbehörde kann Schutzmaßnahmen nach § 9 Abs. 1 bis 3 und nach § 13 MuSchG anordnen. Es geht hier um die Gestaltung von Arbeitsbedingungen und z. B. um einen Arbeitsplatzwechsel.

Anordnung von Einzelheiten zu Art und Umfang der Beurteilung der Arbeitsbedingungen

Die Aufsichtsbehörde kann Einzelheiten zur Art und Umfang der Beurteilung der Arbeitsbedingungen nach § 10 MuSchG anordnen.

Es wird hier auch die Befugnis erfasst, die erstmalige Erstellung einer Beurteilung der Arbeitsbedingungen anzuordnen, wenn der Arbeitgeber diese Beurteilung noch nicht vorgenommen hat.

Anordnung von Einzelheiten zur Art und Umfang der Dokumentation und Information

Die Aufsichtsbehörde kann Einzelheiten zur Art und Umfang der Dokumentation und Information nach § 14 MuSchG anordnen.

Beratungspflichten

Nach § 29 Abs. 4 MuSchG berät die Aufsichtsbehörde den Arbeitgeber bei der Erfüllung seiner Pflichten nach dem MuSchG sowie die bei ihm beschäftigten Personen zu ihren Rechten und Pflichten. Dies gilt nicht für die Rechte und Pflichten nach §§ 18 bis 22 MuSchG (Mutterschutzlohn, Mutterschaftsgeld, Zuschuss zum Mutterschaftsgeld, Ermittlung des durchschnittlichen Arbeitsentgelts, Leistungen während der Elternzeit).

Jahresbericht

Nach § 29 Abs. 6 MuSchG haben die zuständigen obersten Landesbehörden über die Überwachungstätigkeit der ihnen unterstellten Behörden einen Jahresbericht zu veröffentlichen. Dieser Bericht umfasst auch Angaben zur Erfüllung von Unterrichtspflichten aus internationalen Übereinkommen oder Rechtsakten der EU, soweit sie den Mutterschutz betreffen.

Ausschuss für Mutterschutz

§ 30 MuSchG sieht nach dem Vorbild der Ausschüsse für Arbeitsschutz im Sinne von § 18 Abs. 2 Nr. 5 ArbSchG die Einrichtung eines Ausschusses für Mutterschutz vor.

§ 30 Abs. 1 Satz 1 MuSchG regelt die Verpflichtung, beim Bundesministerium für Familie, Senioren, Frauen und Jugend einen Ausschuss für Mutterschutz einzurichten. In der Gesetzesbegründung wird die Auffassung vertreten, dass die Einrichtung eines Ausschusses für Mutterschutz erforderlich ist, um auf neuere wissenschaftliche Erkenntnisse in angemessener Zeit reagieren zu können und um sicherheitstechnische, arbeitsmedizinische und hygienische Regeln zum Schutz der schwangeren und stillenden Frauen am Arbeitsplatz aufzustellen. Dadurch wird eine gesetzlich institutionalisierte Befassung von mutterschutzrechtlich relevanten Fragestellungen ermöglicht. Dadurch wird die stetige Weiterentwicklung und Aktualität des Mutterschutzes sichergestellt.

In der Gesetzesbegründung wird auch darauf hingewiesen, dass eine systematische Behandlung mutterschutzrechtlicher Fragestellungen bisher nicht erfolgt ist. Die arbeitsschutzrechtlichen Ausschüsse im Sinne von § 18 Abs. 2 Nr. 5 ArbSchG sind allgemein für den Arbeitsschutz zuständig, aber nicht speziell für den Mutterschutz.

Dadurch, dass der Ausschuss auf Bundesebene angesiedelt ist, soll ein einheitlicher Vollzug mutterschutzrechtlicher Regelungen erleichtert werden. Dies führt auch zu einer Entlastung der Länder, da sie bisher das erforderliche Wissen selbst generieren und vorhalten mussten. Durch die Veröffentlichung der Erkenntnisse des Ausschusses im Ministerialblatt können die Länder die Erkenntnisse direkt verwenden.

4

In dem Ausschuss sollen geeignete Personen vonseiten der öffentlichen und privaten Arbeitgeber, der Ausbildungsstellen, der Gewerkschaften, der Studierendenvertretungen und der Landesbehörden sowie weitere geeignete Personen, insbesondere aus der Wissenschaft, vertreten sein.

Diese Einbindung geeigneter Personen soll die fachliche Kompetenz des Ausschusses und den erforderlichen Praxisbezug der behandelten Fragestellungen sicherstellen. Die Einbindung insbesondere der Arbeitgeber und Gewerkschaften soll die Akzeptanz erhöhen und die Konsensbildung begünstigen.

Wegen des klar begrenzten Auftrags des Ausschusses (vgl. dazu die noch folgenden Ausführungen) ist die Zahl der Mitglieder auf 15 begrenzt. Für jedes Mitglied ist ein stellvertretendes Mitglied zu benennen. Die Mitgliedschaft im Ausschuss für Mutterschutz ist ehrenamtlich.

Nach § 30 Abs. 2 MuSchG erfolgt die Einrichtung des Ausschusses für Mutterschutz durch das Bundesministerium für Familie,

Senioren, Frauen und Jugend. Die Einrichtung erfolgt im Einvernehmen mit dem Bundesministerium für Arbeit und Soziales, dem Bundesministerium für Gesundheit und dem Bundesministerium für Bildung und Forschung. Dies soll dazu beitragen, dass bereits bei der Einrichtung des Ausschusses, der Festlegung seiner Organisationsstruktur und der Festlegung des Arbeitsprogramms die Belange des Arbeitsschutzes und der Frauengesundheit, die für den Mutterschutz von grundsätzlicher Bedeutung sind, durch eine einvernehmliche Einbindung der insoweit auch zuständigen Ressorts hinreichend Berücksichtigung finden.

Der Ausschuss gibt sich eine Geschäftsordnung und wählt die Vorsitzende oder den Vorsitzenden aus seiner Mitte. Die Geschäftsordnung umfasst insbesondere auch Regelungen zur Berufung der Ausschussmitglieder, zur Festlegung der Arbeitsstruktur und des Arbeitsprogrammes sowie zur Beschlussfassung. Die Berufung der Mitglieder erfolgt im Einvernehmen mit dem Bundesministerium für Arbeit und Soziales, dem Bundesministerium für Gesundheit und dem Bundesministerium für Bildung und Forschung.

Die Geschäftsordnung und die Wahl der oder des Vorsitzenden bedürfen der Zustimmung des Bundesministeriums für Familie, Senioren, Frauen und Jugend. Die Zustimmung erfolgt im Einvernehmen mit dem Bundesministerium für Arbeit und Soziales und dem Bundesministerium für Gesundheit.

Nach § 30 Abs. 3 MuSchG gehört es zu den Aufgaben des Ausschusses für Mutterschutz,

1. Art, Ausmaß und Dauer der möglichen unverantwortbaren Gefährdungen einer schwangeren oder stillenden Frau und ihres Kindes nach wissenschaftlichen Erkenntnissen zu ermitteln und zu begründen,

2. sicherheitstechnische, arbeitsmedizinische oder arbeitshygienische Regeln zum Schutz der schwangeren oder stillenden Frau und ihres Kindes aufzustellen und

3. das Bundesministerium für Familie, Senioren, Frauen und Jugend in allen mutterschutzbezogenen Fragen zu beraten.

Zu Nr. 1.: Diese Aufgabe dient der Konkretisierung der gesetzlichen Vorgaben nach dem MuSchG. Dabei sind die maßgeblichen

Erkenntnisse der Ausschüsse für den Arbeitsschutz im Sinne von § 18 Abs. 2 Nr. 5 ArbSchG zu berücksichtigen.

Zu Nr. 2.: Auch diese Aufgabe dient der Konkretisierung der gesetzlichen Vorgaben vor allem nach dem MuSchG. Bei der Erstellung sind die maßgeblichen technischen und arbeitsmedizinischen Regeln der Ausschüsse für den Arbeitsschutz im Sinne von § 18 Abs. 2 Nr. 5 ArbSchG zu berücksichtigen.

Zu Nr. 3.: Zur Beratung gehört die Aufbereitung neuer Themenfelder mit Bezug zum Mutterschutz, um etwa den gesetzgeberischen Handlungsbedarf zu ermitteln.

Zu den Beratungsaufgaben kann es auch gehören, das Bundesministerium für Familie, Senioren, Frauen und Jugend in besonderen Fragen des Vollzugs zu beraten, beispielsweise in Form von berufsgruppenbezogenen Ausarbeitungen zur Umsetzung mutterschutzrechtlicher Vorgaben.

4

In § 30 Abs. 3 Satz 2 MuSchG wird ausdrücklich vorgeschrieben, dass der Ausschuss eng mit den Ausschüssen nach § 18 Abs. 2 Nr. 5 ArbSchG zusammenarbeitet. Auf diese Weise wird ein enger Austausch der verschiedenen Ausschüsse sichergestellt.

Wie bereits erwähnt werden die vom Ausschuss für Mutterschutz aufgestellten Regeln und Erkenntnisse im Gemeinsamen Ministerialblatt veröffentlicht (§ 30 Abs. 4 MuSchG).

Dadurch wird – so die Gesetzesbegründung – die breite Anwendung und Beachtung der aufgestellten Regeln und gewonnenen Erkenntnisse ermöglicht.

Die Veröffentlichung im Ministerialblatt stellt sicher, dass die gewonnenen Erkenntnisse zum Gesundheitsschutz von schwangeren und stillenden Frauen allen Betroffenen zugänglich sind. Sie erfolgt wiederum im Einvernehmen mit dem Bundesministerium für Arbeit und Soziales, dem Bundesministerium für Gesundheit und dem Bundesministerium für Bildung und Forschung. Dies trägt dazu bei, dass sich die vom Ausschuss aufgestellten Regeln und Empfehlungen widerspruchsfrei in das bestehende arbeits- bzw. gesundheitsschutzrechtliche Regelwerk einfügen.

Nach § 30 Abs. 5 MuSchG können die Bundesministerien sowie die obersten Landesbehörden zu den Sitzungen des Ausschusses für Mutterschutz Vertreterinnen oder Vertreter entsenden. Auf Verlangen ist ihnen in der Sitzung das Wort zu erteilen.

Nach § 30 Abs. 6 MuSchG führt das Bundesamt für Familie und zivilgesellschaftliche Aufgaben die Geschäfte des Ausschusses für Mutterschutz. Die Geschäftsstelle koordiniert und unterstützt die ehrenamtliche Arbeit der Mitglieder des Ausschusses. Dazu gehört neben der Durchführung und Organisation der Sitzungen auch die Unterstützung durch Literaturrecherchen und die Bereitstellung von Unterlagen. Die Geschäftsstelle soll eng mit der Bundesanstalt für Arbeitsschutz und Arbeitsmedizin zusammenarbeiten.

4 Erlass von Rechtsverordnungen

§ 31 MuSchG regelt die Befugnis der Bundesregierung, mit Zustimmung des Bundesrates Rechtsverordnungen zu erlassen. Damit werden die bis zum 31. 12. 2017 in unterschiedlichen Vorschriften geregelten Befugnisse zum Erlass von Rechtsverordnungen redaktionell überarbeitet zusammengefasst.

Folgendes kann in Rechtsverordnungen geregelt werden:

- nähere Bestimmungen zum Begriff der unverantwortbaren Gefährdung nach § 9 Abs. 2 Satz 2 und 3 MuSchG,

- nähere Bestimmungen zur Durchführung der erforderlichen Schutzmaßnahmen nach § 9 Abs. 1 und 2 und nach § 13 MuSchG,

- nähere Bestimmungen zur Art und Umfang der Beurteilung der Arbeitsbedingungen nach § 10 MuSchG,

- Festlegungen von unzulässigen Tätigkeiten und Arbeitsbedingungen im Sinne von § 11 oder § 12 MuSchG oder von anderen nach dem MuSchG unzulässigen Tätigkeiten und Arbeitsbedingungen,

- nähere Bestimmungen zur Dokumentation und Information nach § 14 MuSchG,

- nähere Bestimmungen zur Ermittlung des durchschnittlichen Arbeitsentgelts im Sinne der §§ 18 bis 22 MuSchG (Mutter-

schutzlohn, Mutterschaftsgeld, Zuschuss zum Mutterschaftsgeld, Ermittlung des durchschnittlichen Arbeitsentgelts, Leistungen während der Elternzeit) und

- nähere Bestimmungen zum erforderlichen Inhalt der Benach-
richtigung, ihrer Form, der Art und Weise der Übermittlung
sowie die Empfänger der vom Arbeitgeber nach § 27 MuSchG
zu meldenden Informationen.

Bußgeldvorschriften

§ 32 MuSchG beschäftigt sich mit Bußgeldvorschriften. Während
Absatz 1 die einzelnen Ordnungswidrigkeiten aufzählt, enthält
Absatz 2 die Höhe der jeweiligen Geldbußen.

4

Es handelt sich hier um vorsätzlich oder fahrlässig begangene
Taten oder Unterlassungen. Dabei ist Vorsatz das Wissen um den
schädigenden Erfolg eines Handelns oder Unterlassens. Fahrlässig-
keit ist das Außerachtlassen der im Verkehr erforderlichen Sorgfalt
(§ 276 BGB).

Es steht im pflichtgemäßen Ermessen der Aufsichtsbehörde, ob
sie eine Geldbuße festsetzen will (§ 47 Abs. 1 des Gesetzes über
Ordnungswidrigkeiten – OWiG –). Es ist im Übrigen auch möglich,
den Betroffenen zu verwarnen und ein Verwarnungsgeld von
5 bis 35 Euro festzusetzen. Zu beachten ist, dass die Geldbuße
mindestens 5 Euro beträgt.

Die Verfolgung einer Ordnungswidrigkeit verjährt in den vorstehend angesprochenen Fällen in sechs Monaten (§ 31 Abs. 2 OWiG).

Gegen einen Bußgeldbescheid kann der Betroffene innerhalb
einer Woche nach Zustellung schriftlich oder zur Niederschrift bei
der Verwaltungsbehörde, die den Bußgeldbescheid erlassen hat
(Aufsichtsbehörde), Einspruch einlegen (§ 67 OWiG). Die Entscheidung über den Einspruch trifft das Amtsgericht, in dessen Bezirk
die Verwaltungsbehörde ihren Sitz hat (§ owig#par6868 OWiG).

Gegen die Entscheidung des Amtsgerichts ist in bestimmten Fällen
die Rechtsbeschwerde zulässig (vgl. hinsichtlich näherer Einzelheiten die §§ 79, 80 OWiG).

Ordnungswidrigkeiten	
Verstöße gegen Beschäftigungsverbote	Geldbuße bis zu 30.000 EUR
Nichteinhaltung einer Ruhezeit	Geldbuße bis zu 30.000 EUR
Keine Freistellung für Untersuchungen und zum Stillen	Geldbuße bis zu 30.000 EUR
Ausgabe von Heimarbeit	Geldbuße bis zu 30.000 EUR
Gefährdung wird nicht, nicht richtig oder nicht rechtzeitig beurteilt oder eine Ermittlung wird nicht, nicht richtig oder nicht rechtzeitig durchgeführt	Geldbuße bis zu 5.000 EUR
Schutzmaßnahme wird nicht, nicht richtig oder nicht rechtzeitig festgelegt	Geldbuße bis zu 5.000 EUR
Arbeitgeber lässt Tätigkeiten ausüben, für die die erforderlichen Schutzmaßnahmen nicht getroffen sind	Geldbuße bis zu 30.000 EUR
Dokumentation wird nicht, nicht richtig, nicht vollständig oder nicht rechtzeitig erstellt	Geldbuße bis zu 5.000 EUR
Information wird nicht, nicht richtig, nicht vollständig oder nicht rechtzeitig weitergegeben	Geldbuße bis zu 5.000 EUR
Aufsichtsbehörde wird nicht, nicht richtig oder nicht rechtzeitig benachrichtigt	Geldbuße bis zu 5.000 EUR
Informationen werden unbefugt an Dritte weitergegeben	Geldbuße bis zu 5.000 EUR
Angaben an Aufsichtsbehörden werden nicht, nicht vollständig oder nicht rechtzeitig gegeben	Geldbuße bis zu 5.000 EUR
Unterlage wird nicht, nicht richtig oder nicht rechtzeitig vorgelegt oder nicht oder nicht rechtzeitig an die Aufsichtsbehörde gegeben	Geldbuße bis zu 5.000 EUR
Unterlage wird nicht oder nicht mindestens zwei Jahre aufbewahrt	Geldbuße bis zu 5.000 EUR
einer vollziehbaren Anordnung der Aufsichtsbehörde wird zuwidergehandelt	Geldbuße bis zu 30.000 EUR

4

Ordnungswidrigkeiten	
einer Rechtsverordnung oder einer voll- ziehbaren Anordnung aufgrund einer solchen Rechtsverordnung wird zuwider- gehandelt, soweit die Rechtsverordnung für einen bestimmten Tatbestand auf diese Bußgeldvorschrift verweist	Geldbuße bis zu 30.000 EUR

Strafbestimmungen

§ 33 MuSchG enthält Strafvorschriften. Es werden hier acht Straf- tatbestände aufgezählt. Gefordert wird eine vorsätzliche Hand- lung (vgl. zum Vorsatzbegriff die obigen Ausführungen). Aller- dings wird neben dem Vorliegen einer vorsätzlichen Handlung gefordert, dass durch die Straftat die Gesundheit der Frau oder ihres Kindes gefährdet wird. Die Strafe beläuft sich auf Freiheits- strafe bis zu einem Jahr oder auf Geldstrafe.

Bei den acht Straftaten handelt es sich auch im Ordnungswidrig- keiten. Sie werden deshalb in § 32 Abs. 1 Nr. 1 bis 5, 8, 16 und 17 MuSchG bezeichnet. Als Voraussetzung für das Vorliegen einer Ordnungswidrigkeit wird gefordert, dass sie vorsätzlich oder fahr- lässig begangen wird. Damit eine Straftat gegeben ist, ist es notwendig, dass für die Gesundheit der Frau oder ihres Kindes eine Gefahr vorliegt. Nach den Ausführungen in der Gesetzes- begründung reicht eine Gefährdung im mutterschutzrechtlichen Sinne für die Begründung einer Straftat nicht aus.

Eine Straftat liegt vor, bei

- Verstöße gegen Beschäftigungsverbote

- Verbot der Nacht-, Sonn- und Feiertagsarbeit für Schülerinnen und Studentinnen

- Nichteinhaltung einer Ruhezeit

- keine Freistellung für Untersuchungen und zum Stillen

- Ausgabe von Heimarbeit trotz Beschäftigungsverbots

- Arbeitgeber lässt Tätigkeiten ausüben, für die die erforder- lichen Schutzmaßnahmen nicht getroffen sind

- einer vollziehbaren Anordnung der Aufsichtsbehörde wird zuwidergehandelt

- einer Rechtsverordnung oder einer vollziehbaren Anordnung aufgrund einer solchen Rechtsverordnung wird zuwidergehandelt, soweit die Rechtsverordnung für einen bestimmten Tatbestand auf diese Bußgeldvorschrift verweist

4

Stichwortverzeichnis

5

Stichwortverzeichnis

5

5

Stichwortverzeichnis

5